기획자의 경험

기획자의 경험

초판 1쇄 인쇄 _ 2020년 3월 25일
초판 1쇄 발행 _ 2020년 3월 30일

지은이 _ 장주영

펴낸곳 _ 바이북스
펴낸이 _ 윤옥초
책임편집 _ 김태윤
책임디자인 _ 이민영

ISBN _ 979-11-5877-158-4 03190

등록 _ 2005. 7. 12 | 제 313-2005-000148호

서울시 영등포구 선유로49길 23 아이에스비즈타워2차 1005호
편집 02)333-0812 | 마케팅 02)333-9918 | 팩스 02)333-9960
이메일 postmaster@bybooks.co.kr
홈페이지 www.bybooks.co.kr

책값은 뒤표지에 있습니다.

책으로 아름다운 세상을 만듭니다. — 바이북스

나의 지식과 경험이 콘텐츠가 되는

기획자의 경험
Soul Learning

—— 장주영 지음 ——

바이북스
ByBooks

지혜 있는 자는
하늘의 빛과 같이 빛날 것이요.
많은 사람을 옳은 데로
돌아오게 한 자는
별과 같이 영원토록 빛나리라

DANIEL

봉준호 감독의 콘텐츠 〈기생충〉 영화의 전 단계엔 '봉테일'이라 일컫는 스토리보드 스케치가 있었다.

"계획이 다 있었다!"

교육 회사 '컴퍼니^{Company}'는 '콘텐츠^{Contents}'가 핵심이고 그 전 단계 '콘셉트^{Concept}'가 중요하다. 3P자기경영연구소의 가성비, 가심비, 최장수, 수율 높은 강의 콘텐츠들의 핵심에는 저자의 "계획이 다 있었다." 저자는 이 책에 콘셉트 → 콘텐츠 → 컴퍼니의 선순환 핵심 노하우를 아낌없이 풀어냈다. 기획자, 디자이너, 메신저, 1인 크리에이터, 하이퍼포머를 꿈꾸는 모든 분께 일독을 권한다.

● **강규형** 3P자기경영연구소 대표, (사)대한민국 독서만세 회장

저자의 교육 분야에서의 경험을 기반으로 학창시절 경험했던 영화연출 프로세스를 적용하여, 여러 전문영역에 있는 사람들이 자신의 지식을 지식화하여 타인에게 전달하는 6단계의 방법을 제시하였습니다. 나 자신도 과학자로서의 경험이 또 다른 분야인 교육을 하는데 큰 도움이 되었기 때문에, 매우 흥미를 가지고 저자의 창조적 시도에 주목하였으며, 기쁜 마음으로 많은 분들에게 이 책을 추천합니다.

● **원동연** 국제교육문화교류기구 이사장, 르완다연합대학교 챈슬러

이 책은 내 인생 경험을 콘텐츠로 만들고 싶은 사람이라면 꼭 읽어야 할 책이다. 기획자의 자세, 콘텐츠 제작을 위한 이론과 실제가 상세하게 공개되어 있다. 누구나 가지고 있는 경험을 콘텐츠로 만들어 내는 작가의 노하우는 책 전체에 녹아 있다. 나의 교육 경험도 장주영 작가의 기획을 통해《보물찾기》라는 콘텐츠로 완성되었다. 작업 과정에서 한번쯤 뽐낼 만도 했지만, 그는 늘 겸손했으며, 부족한 나를 높여주었다. 뼛속 깊이 기획자인 작가의 책 출간을 진심으로 축하드린다.

　　　　　　　　이인희《내 인생의 주인공은 나야 나》,《보물찾기》저자

장주영 작가와의 만남은 내 인생의 위대한 만남이라 부르고 싶다. 강사로 여러 교육을 개발하며 막힐 때면 언제나 그가 있었다. 때론 오랜 시간 도무지 길이 보이지 않고 길이 없다고 느껴질 때 해결사처럼 나타나 주었고 그의 도움을 받으며 앞으로 가야 할 방향들을 찾을 수 있었다. 기획으로 타인에게 빛을 찾아 주고 빛을 내게 해주는 귀한 그의 삶을 자세히 들여다보길 권한다.

　　　　　　　　이재덕《어쩌다 도구》저자, 3P 독서경영 대표강사

오랫동안 옆에서 지켜본 저자는 정말 교육을 사랑하는 사람이었고 사람을 사랑하는 사람이었다. 사람의 변화와 발전을 위해 교육에서 언제나 치열하게 고민하는 것을 보았다. 이 책은 경험과 지식으로 콘텐츠를 만들어 내려는 이들의 고민을 위해 그간의 경험을 아낌없이 담았다. 많은 이들에게 소중한 자신의 메시지를 잘 전달하기 위한 좋은 참고서가 되리라 확신한다.

　　　　　　　　전규현 3P자기경영연구소 기획자, 함께 일하는 동료

누구나 마음속에 숨겨진 빛이 있다
그 빛을 꺼내어 들어 올릴 때
누군가는 무엇인가를 보게 된다

교육 기획이란 어떠한 목적에 따라 교육을 할 수 있게 프로그램을 만들고 콘텐츠를 기획해 주는 일이다.

사람들은 누군가를 가르치는 일은 특별한 사람만이 할 수 있다고 생각한다. 하지만 실제로 영향력 있는 교육은 그렇지 않다. 전문가만의 영역이 아니다. 유튜브나 SNS만 보아도 자신의 삶에서 강한 변화를 직접 경험하고 그것을 전파하는 사람들을 종종 만날 수 있다. 이들 중에는 전문가가 아닌 사람들도 상당히 많다. 이들은 그저 자신이 받았던 영감을 메시지로 만들어 그것을 필요로 하는 이들에게 전파할 뿐이다. 이들이 전하는 메시지는 생생한 상상력을 불러일으킨다. 즉 가르치는 일은, 교육은 특별한 존재가 하는 것이 아니다. 평범한 이들 속에 있는 특별한 경험이 하는 것이다.

누구나 자신의 인생에서 얻은 경험과 지식으로 남을 도울 수 있는 콘텐츠가 하나씩 있다. 교육 수준과 문화수준이 올라가면서, 또한 세상이 다양해지면서 개인의 지식과 경험이 그 가치가 높아진 것이다. 그런데 자신의 경험과 지식이 얼마나 가치 있는지 모르는 사람들도 꽤 있다. 이들에게 필요한 것은 자신의 경험과 지식을 콘텐츠로 만들어 내는 것이다. 요즘에는 많은 이들이 타인에게 전문적으로 전달하는 방법에 대해 배우고 공부한다. 《기획자의 경험》은 바로 그러한 이들을 돕는 책이다. 이 책은 자신의 지식과 경험으로 콘텐츠를 가지고 있는 사람들이 그것을 교육으로 만들어 낼 수 있도록 하는 데 초점을 맞추었다.

《기획자의 경험》에는 교육 기획자로서 대한민국 셀프리더십의 선두 주자인 3P자기경영연구소와 독서포럼나비가 사람들의 성장을 위한 교육을 기획해온 지난 10년의 경험을 정리한 것이다.

특히 연구소의 대표인 강규형 대표님은 타인의 성공을 돕는 것을 비전으로 많은 이들에게 선한 영향력을 주고 있다. 덕분에 이곳에 찾아오는 다양한 사람들을 만나보며 그들의 성장과정들을 지켜볼 수 있었다.

미래를 꿈꾸며 가는 자신을 변화해 나가는 그 과정에서 발견한 것은 사람의 내면에, 나아가 자신의 내면에 무한한 잠재성과 가능성이 있다는 것을 알고 놀라게 되었다.

자신을 과소평가하는 사람에게도 누군가에게는 절실하게 필요한 메시지를 가지고 있을 수도 있다. 그 메시지가 드러나게 될 때 많은 사람들에게 사랑받으며 존경받을 수 있을 가능성도 얼마든지 있다. 그렇게 될지 안 될지는 아무도 모른다.

많은 사람들이 대체로 자신의 삶을 교육으로 만들어 전달한다. 하지만 그들 가운데 대부분이 교육으로 만드는 과정을 모르거나, 못 배웠다. 《기획자의 경험》이 그들을 돕는다. 자신의 가치 있는 경험과 지식을 교육으로 만들 수 있게 안내한다. 그것이 이 책의 가치이다.

저자가 교육을 기획하며 어려웠던 점은 학문과 실용의 중간지대를 찾아내는 일이었다. 학문적인 책들은 연구와 이론을 강조하다 보니 실용적인 부분이 부족했다. 반면 교육실용서들은 이론과 교육철학적인 부분이 약했다. 교육을 개발한다는 것은 사람의 보이지 않는 내면을 다루는 것이기에 방법론적인 부분도 중요하지만 동시에 이론적인 부분도 중요하다. 특히 교육을 만드는 사람의 사고법이 매우 중요하다. 그 사람의 교육을 생각하는 방식이 교육의 방향과 콘텐츠의 구성을 결정한다.

《기획자의 경험》은 교육의 사고법과 생각을 정리하는 툴Tool을 다루고 있다. 이를 통해 한 사람이 자신의 삶을 교육으로 표현할 수 있게 도와주고 있다. 《기획자의 경험》이 일반인들이 활용할 수 있는 실용적인 교육실무서의 씨앗이 되기를 바란다. 이 씨앗을 발판 삼아 더 발전된 책들이 나오길 기대해 본다.

본인은 아니라 할지라도 우리 각자의 삶 속에는 분명히 다음 세대에 남길 한 가지가 꼭 있다고 믿는다. 타인에게 선한 영향을 미칠 수 있는 경험을 지식화하여 우리의 삶을 향상시키는 것 그리고 다음 세대가 새로운 것들을 꿈꿀 수 있게 만들어 주는 것. 그 일을 도와주는 것이 이 책의 목적이다.

사람마다 내면에는 하나씩의 등불이 있다. 그 불을 켜서 세상을 밝혀 주었으면 한다. 자신에게 울림을 주었던 경험들은 자신뿐만 아니라 많은 이들의 영혼에 울림을 일으킬 수 있다. 이 책을 보는 많은 이들이 자신의 교육으로 많은 영혼에 울림을 주는 소울러닝Soul Learning의 주인공이 되길 꿈꾼다.

《기획자의 경험》은 다음과 같이 구성되어 있다.

1부 기획자의 사고구조

교육을 시작할 때 교육의 방향 즉 목적이 중요하다. 이러한 관점에서 교육적인 철학과 사고는 핵심 메시지와 세부 내용의 콘셉트들을 구성해 주는 역할을 한다. 교육의 목적을 가지는 것과 가지지 않는 것, 그 차이는 교육자와 교육생에게 큰 영향을 미친다. 그러므로 기획자는 교육의 목적을 분명해 해야 한다. 1부에서는 이 교육의 목적을 만들 수 있도록 교육을 바라보는 관점을 제시한다.

2부 교육 콘셉트

교육에서 콘셉트란 하나의 핵심 메시지이다. 콘셉트는 교육의 고유한 본질로, 생각의 덩어리를 만들어 준다. 교육 기획의 80%는 콘셉트에서 승부가 난다.《기획자의 경험》에서는 교육에서 전달하고자 하는 콘셉트를 만드는 방법과 콘셉트를 확장시켜 교육의 세부 내용들을 정립해 나가는 방법을 다룬다.

3부 교육 설계 방법

교육 기획도 하나의 기획이다. 기획이란 전략적으로 접근하는 것을 뜻한다. 교육에서도 교육의 목적에 따라 여러 가지 전략들을 구사할 수 있다. 이러한 전략을 만들 수 있는 것이 바로 모듈이다. 모듈은 전체를 쪼개어 독립적으로 만들되 전체와 연결되게 해준다. 교육을 만들 때 모듈을 만드는 것을 많은 이들이 힘들어한다. 이에 모듈을 구성하는 교육공학적인 이론을 적용해 체계적인 교육의 틀을 만들 수 있도록 도와줄 것이다.

4부

교육 기획 실전 워크숍

자신의 교육을 기획할 수 있도록 워크시트를 마련했다. 자신이 만들고 싶은 교육이 있다면 이 툴을 활용해 만들 수 있다. 나아가 책이나 짧은 영상 콘텐츠도 제작할 수 있다. 시작은 어려울 수 있지만 사례를 보며 작업하다 보면 적응이 될 것이다. 경험이 많아지고 실력이 늘면 더 복잡하고 전문적인 교육들도 개발 가능할 수 있다.

교육 기획 관련 도서 리스트

책에서 다루지 못한 교육학, 교육심리학, 교육철학, 교육공학, PPT 관련도서 등 기획자들이 읽어야 할 책들을 소개했다. 교육 기획자는 교육 그 자체에 대해서도 많은 공부를 해야 하지만 교육을 만들어 내는 툴Tool 과 시스템에 관해서도 배워야 한다. 그런 공부는 교육을 더욱 효과적으로 만드는 데 도움이 된다.

chapter 1

지식과 경험이 콘텐츠가 되는 시대

chapter 2

콘셉트, 사람의 마음을 여는 열쇠

chapter 3

콘텐츠의 전략은 모듈로 설계된다

chapter 4

콘텐츠 기획을 위한 6단계 프로세스

chapter 1

지식과 경험이
콘텐츠가 되는 시대

● ● ●

당신은 세상을 변화시키려고 태어났다.
세상을 변화시키는 가장 좋은 방법은
자신의 지식과 경험을 이용하여
다른 사람들을 성공할 수 있도록 돕는 것이다.

브렌든 버처드 ,《메신저가 되라》 중에서

01

세상을 변화시키는 메신저

"잘 모르겠는데예."

중학교 시절 선생님의 질문에 항상 반항적으로 대답했다. 당시 한 반에는 50여 명의 학생들이 공부했다. 성적도 별로, 어떠한 특기도 없던 나는 마치 공장의 불량품처럼 아무런 관심을 받지 못했다. 가정환경도 평범했다. 학교의 관심 대상이 될 수 있는 그 어떤 잣대에도 미치지 못했다.

그런 환경에서 나는 자연히 비슷한 아이들과 무리 짓게 되었다. 모여서 춤을 추었다. 유일하게 자유를 느낄 수 있는 시간이었다. 그러나 춤을 추자 반항아, 문제아라는 딱지가 붙었다. 반항아나 문제아처럼 보며 대우하는 선생님들이 밉기만 했다. 그래서 어떠한 질문에도 대답하기 싫었던 것이다. 친구들과 거침없이 그리고 잘 대화하면서도 유독 선생님들에게는 까칠하게 대꾸했다. 그렇게 중학교 시절 내내 선생님들과 부딪쳤다.

그러한 내가 고등학교를 대안학교로 가면서 변화할 수 있었다. 당시 대안학교는 문제가 있어도 꿈이 있는 학생은 갈 수 있는 특이한(?) 입학

조건을 갖고 있었다. 그곳에서도 시작은 여전히 반항아였다. 그러나 선생님들은 기어코 내 안의 문제들을 발견하여 감싸주었고, 나는 서서히 마음을 열며 꿈들을 열어나가기 시작했다.

고등학생 시절 공부에 대한 어떠한 강요나 압박을 받지 않았다. 선생님들과의 관계 속에서 공부를 했다. 그러다 내가 영상 연출에 관심과 재능이 있다는 것을 발견했다. 덕분에 고등학교 3년 내내 영상 연출에 미쳐 살았다. 여전히 행복한 기억으로 남아 있다.

행복한 고등학교 시절은 현재의 내 모습을 이루는 데 어떠한 영향을 미쳤을까? 교육 기획자로서 내 자신을 교육적으로 되짚어 보았다. 자신의 학창 시절 공부 방식은 나중에 사회에서 일하는 방식이 된다는 것을 발견할 수 있었다. 나로서는 놀라운 발견이었다. 실제로 영상 연출을 공부한 나의 경험은 내가 일하는 방식에 큰 영감을 주었다. 또한 나는 영상 연출을 공부하면서 어떠한 것에 몰입하는 경험을 했다. 그 경험은 본인이 무엇인가를 목표로 삼고 그것을 향해 달려갈 때 큰 힘을 발휘한다.

물론 경험의 힘으로 금방 눈에 띄는 성과가 일어나는 것은 아니다. 하지만 장기적으로 볼 때 분명 영향을 미친다. 내가 내 삶에서 도전을 통해 몸소 체험했다.

체험으로 깨달은 바는 배워서 얻은 지식보다 삶 속에서 더 큰 영향을 미친다. 그렇다고 지식이 중요하지 않다는 이야기는 아니다. 지식은 경험의 가치를 더 높여 주며, 더 많은 것을 보게 만들어 준다.

사람들은 자신이 살아온 삶에 비추어 현재를 바라본다. 그런데 경험이란 것은 양면성이 있다. 부정적인 부분과 긍정적인 부분을 동시에 가지고 있는 것이다. 따라서 자신의 경험을 통해 느낀 것들을 바르게 해석해서 적용해 나간다면 더 성장할 수 있다. 더 큰 깨달음을 얻을 수 있다. 그뿐 아니라 타인의 삶에도 긍정적인 영향을 미칠 수 있다. 경험을 그릇되게 해석해서 적용을 제대로 못한다면 응당 반대의 결과가 일어날 것이다.

많은 이들이 자신을 과소평가하는 경향이 있다. 나 역시도 마찬가지였다. 나는 내성적인 성격에 사람들에게 드러내는 것을 좋아하지 않는 스타일이었다. 때문에 무언가 앞에 나서야 할 상황에 마주하면 자신을 과소평가했다.

'내가 무엇을 할 수 있겠어.'

'저 자리에 서려면 어느 정도 자격과 조건을 갖춰야지.'

그런 생각에 젖어 있는 사이 그 자리들은 누군가의 기회가 되곤 했다. 이와 같은 일은 스스로의 경험을 과소평가하는 데에 원인이 있다. 자신이 삶에서 쌓은 경험이 큰 힘을 발휘할 수 있는데, 그것을 자신이 믿지 못하니 망설이는 것이다. 그러다 기회를 잃고 마는 것이다.

하지만 누군가의 필요에 의해 내 삶에 대해 이야기를 하게 되는 경우, 사람들은 나의 이야기에 무척이나 흥미를 보였다. 대안학교의 교육 이야기, 대학 시절의 멘토링 이야기, 인도 여행 이야기, 서평을 배웠던 이야기, 행사를 치렀던 이야기, 라이프 플랜에 관한 이야기 등. 사실 내 안에는 많은 독특한 것이 있었다. 흥미를 보이는 사람들에 의해 그것을 깨달았다.

흥미를 가진 사람들에게는 나의 이야기가 제법 쓸모가 있었다. 절망적이던 순간에 위로와 해결책이 되어준 것이다. 어떤 이들은 지속적으로 찾아오며 도움을 요청하기도 했다. 나의 취업과 진로의 경험이, 즉 삶의 경험이 누군가에게 힘이 되니, 가만 있을 수가 없었다. 그래서 나는 독서모임에서 멘토링을 했고, 시간이 지난 뒤 멘토링의 이야기를 《라이프 서핑》이라는 책으로 펴냈다. 《라이프 서핑》은 전국으로 강의를 다닐 수 있는 기회를 내게 주었다. 나는 이 책을 통해 많은 이들에게 영감을 주고, 그에 대해 감사의 인사를 받았다. 덕분에 지나온 힘든 경험들까지도 사랑할 수 있게 되었다.

《기획자의 경험》도 그런 영향력을 발휘하기를 꿈꾼다. 물론 이 책을 읽는 사람들 중에도 아직 멀었다고 생각하며 자신을 드러내는 것을 힘들어하는 사람도 있을 것이다. 자신의 삶을 사소하게 보는 시각에서 벗어나지 못하는 사람도 있을 것이다.

경험, 그것 자체로는 별 가치가 없다고 느낄 수도 있다. 우리의 경험을 가치 있게 만들기 위해 경험과 경험을 연결하여 하나의 메시지로 만들어 내는 작업이 필요하다. 삶에서의 경험들을 잘 살펴보고 내면을 세세히 비추어 보자. 분명 메시지가 눈에 띌 것이다. 그 메시지는 누군가 간절히 필요로 하는 메시지일 수도 있다. 경험이 주는 메시지를 교육으로 만드는 것이 기획자의 목적이다. 기획자는 그 목적을 달성하기 위해 기획자의 경험을 활용한다.

기획자가 경험을 메시지로, 즉 교육으로 만들어 타인에게 영향을 미치려는 목적은 무엇일까? 어떤 이들은 이것을 명예나 인정을 받기 위한 행동이라며 비하할지도 모른다. 하지만 자신의 경험을 정리해 나가고 메시지를 만들어 나가는 과정에서 자신을 발견할 수 있다. 자신의 삶에 대한 의미도 발견할 수 있다. 그것들을 발견한 사람은 본인이 다음 단계에는 어디로 가야 하는지, 삶의 방향 설정을 할 수 있다. 이 가치 있는 결과를 바라보며 기획자는 비하에도 움츠러들지 않는다.

사람들을 돕기 위해 만든 교육들과 나의 메시지들. 이것들은 단지 남에게만 도움을 주지 않았다. 나에게도 큰 영향을 미쳤다. 사람들이 필요로 하는 것이 나에게 있다는 것을 느끼게 해준 것이다. 이 느낌은 삶에 한 가닥 빛을 보여주며 길을 만들어 냈다. 나는 그 길을 걸어가며 더 많은 것을 경험했다.

메시지가 일으키는 변화는 소소한 것이라고 생각할지도 모르겠다. 그것이 무슨 소용 있냐 말할지도 모르겠다. 하지만 아무리 작은 변화라도 누군가에게는 빛이 되고, 희망이 될 수 있다. 그의 삶을 더 나은 삶으로 만들어 줄 수 있다.

학교 교육도 중요하지만 사회 속에 살아가기 위해서는 앞선 세대들의 경험이 무척 중요하다. 지금의 시대처럼 빠르게 변화하고 이전에 없던 것들이 탄생하는 시대에는 더욱 그러하다. 우리 모두는 다음 세대를 위한 교육자가 되어야 한다. 우리 또한 과거의 교육을 통해 더 나은 현재에 살고 있는 것이다. 우리 또한 현재의 누군가와 다음 세대를 위해 자신의 경험이라는 가치를 기부해야 한다. 우리가 겪은 경험들이 쌓여 더 나은 미래 사회를 만들어 낼 것이기 때문이다. 본인이 누군가에게 희망이 될 수도 있다고 생각하자. 나는 그 생각이 가치 있는 삶을 만들어 줄 것이라 확신한다.

그러므로 사회가 어두워 보이고, 삶이 막막해 보여도 자신의 메시지를 찾는 작업을 멈추지 않았으면 한다. 그 작업의 결과물은 빛이 되어 사회에 영향을 미친다.

교육의 힘

우리가 가진 메시지는 교육의 형태로 만들어진다. 교육은 본질적으로 사람을 변화시키는 것이다. 그렇기에 교육은 한 개인이 가질 수 있는 강력한 힘으로, 사람의 무한한 가능성을 열어주는 역할을 한다. 교육의 힘은 국가적으로도 매우 강력하다. 문명이 발달한 나라, 세계의 리더 역할을 하는 나라들을 보면 어김없이 그 나라의 교육 수준이 뛰어난 것을 볼 수 있다.

우리는 교육을 어떻게 바라보고 있는지부터 돌아보고자 한다. 가장 중요한 것을 가장 소홀히 하고 있지는 않은지, 너무 몰라 남에게 의존하고 있지는 않은지를 말이다. 그래서 먼저 교육의 가치에 대해 생각해 보고자 한다. 이를 통해 교육이 어떠한 힘을 가졌는지 다시 생각했으면 한다. 또한 자신의 메시지를 교육적 관점에서 생각해 보길 바란다.

미국의 아이젠하워 대통령은 소련과 미국의 경쟁구도가 팽팽하던 1957년 국가적인 위기감을 느꼈다. 소련이 인류 최초로 인공위성 '스토트닉'을 발사했기 때문이다. 기술의 우위가 국가력을 상징하던 시절이었기에 아이젠하워는 위기감을 느낄 만했다. 우주를 정복하려는 소련에 미국이 뒤처진다는 사실이 전 세계에 드러난 것이나 다름없었다. 미국 위상의 위기였다. 당혹감에 휩싸인 아이젠하워는 전 분야의 전문가를 긴급소집해서 국가전략을 수립했다. 그런데 그 국가 전략은 어떠한 기술을 개발하거나 확보하려는 것과는 거리가 멀었다. 또한 전쟁을 통해 소련을 무너뜨리는 것도 아니었다. 소련과의 우주전쟁에서 승리를 꾀하는 전략은 의외로 '교육'이었다. 전문가들의 결정은 교육을 통해 인재를 양성하여 국가기술력을 올리자는 것이었다. 특히 과학교육과 수학교육이 중심이 되었다. 당시 이것이 정해지고 난 뒤 미국의 국가적인 교육 전략이 수립되었다. 교육이 개인적인 부분을 넘어 국가적으로도 얼마나 중요한지를 보여주는 단면이다.

캄보디아, 필리핀, 인도 등 해외여행을 하면서 식민지가 되었던 나라들을 살펴보았다. 공통점을 발견할 수 있었다. 지배했던 나라들이 식민지 국가의 교육적 기능을 차단하고 제거해 버렸다는 점이었다. 교육을 죽인 것은 그 국가의 국민 개개인 속에 들어 있는 내면의 잠재성을 죽인 것이다. 그것은 곧 국가경쟁력을 죽인 행위이다. 어디 식민지에서든지 이러한 과정은 예외가 아니었다. 우리 대한민국 역시 이러한 과거의 역사를 가지고 있다.

교육이 국가적으로 중요하다는 것을 보여주는 또 하나의 사례가 있다. 2014년 카이스트 이사장이었던 정문술 이사장은 자신의 사재 500억을 투자해 각 분야의 전문가들을 모아 사회, 경제, 정치, 기술, 교육 등의 분야에서 미래의 대한민국이 나아가야 할 전략을 세우기 위한 프로젝트를 진행했다. 이 프로젝트는 후원자의 이름을 따 〈문술리포트〉라 불렸다.

그런데 중요한 문제가 있었다. 좋은 전략이 도출되었지만, 그것을 실행할 사람이 준비되지 않은 것이다. 즉 누가 그 전략을 구현해 내며 이끌어 가는가에 대한 문제에 봉착한 것이다. 그래서 약 100여 명의 석학들이 모여 대한민국이 나아가야 할 교육 전략을 도출하였다. 아울러 지속적인 포럼을 통해 각 분야의 전략을 공유하고 발표하며 책으로 정리해 펴냈다.

그리고 2017년 다시 《대한민국 국가미래교육전략》이란 책을 카이스트의 연구센터에서 출간하여 미래의 교육 전략을 제시하였다.

이러한 사례들을 보면 교육이 미래의 개인뿐 아니라 국가적으로도 매우 중요한 것임을 알 수 있다. 현재 대한민국의 교육은 시대에 뒤처져 있는 것이 사실이다. 교육이란 사회를 반영하는 것인데, 교육을 마치고 나서 사회에 내몰린 청년들은 무엇을 할지 어디로 갈지 모른다. 그러면서 자신의 꿈을 잊어간다. 미래를 잃어간다. 교육이란 사회의 미래 전략뿐 아니라 개인의 미래 전략이 되어야 한다. 그러므로 우리의 메시지가 우리의 미래에 어떠한 영향을 미칠 수 있는지 알아야 한다.

변화하는 시대의 지식생산자

지금 시점에서 우리가 할 일은 경험과 지식을 다음 세대가 활용할 수 있게 지식화해서 남기는 것이다. 아무 가치 없는 삶을 가진 사람은 없다. 저마다 자신만의 독특한 삶을 가지고 있다고 생각한다. 요즘 유튜버들을 보면 그 다양성과 창의성에 놀라곤 한다. 유튜버들이야말로 자신의 삶을 지식화해서 다음 세대에 물려줄 무엇인가를 만들어 내는 사람들이다.

지금은 100세 시대이기에 시간은 많다. 10년이면 하나의 전문적인 영역에서 전문가가 될 수 있다고 한다. 전문가의 지식은 가치가 높다. 그러므로 지금 하고 있는 일들이 아무리 사소하더라도 10년이면 하나의 중요한 지식이 된다. 특히 베이비부머 세대는 주목하기를 바란다. 그들은 세계에서 유례없는 고속성장을 일으킨 주역이다. 이들의 지식 가운데 아직도 암묵적으로 남아 있는 것들이 많다. 그 지식과 마인드를 이어받아 다음 세대에게 교육적으로 전달한다면 그 가치가 한층 높아질 것이라 본다.

새로운 기술을 다루는 사람뿐 아니라 음식을 만드는 사람, 청소를 하는 사람, 예술을 하는 사람 누구든지 지식인이 될 수 있다. 도전하면 가능하다. 도전은 그 자체로 다음 세대에게 영감을 주며, 다음 단계로 나아가는 힘을 준다고 믿는다.

특정의 교육자만이 누군가를 교육할 수 있는 것은 아니다. 우리 모두가 서로에게 스승이 될 수 있다. 서로에게 영감을 줄 수 있고, 미래로 나아가는 디딤돌이 되어 줄 수 있다. 이러한 것들이 촘촘하게 이어진다면, 우리에게 세계를 이끌어 가는 리더의 역할을 감당할 수 있을 역량이 생길 것이라 기대한다. 그러므로 교육은 개인의 전략일 뿐 아니라 국가의 전략으로 자리매김해야 한다. 생활 속에서 익숙하게 이루어져야 한다.

누구나 콘텐츠의 생산자가 될 수 있다. 기존의 지식을 익히고, 지식을 조합하고, 재생산 해내는 것. 이러한 작업은 누군가의 삶에 실용적으로 기여할 뿐 아니라, 세계적으로도 필요한 지식이 되고 영감을 주는 콘텐츠가 될 수 있다.

교육을 만들기 전 교육의 목적이 중요하다. 지금 교육을 만들고자 하는 목적이 무엇인지 생각해 보자. 단순히 자신의 지식으로 돈을 벌거나 어떠한 정보를 전달하는 것을 넘어 다음 세대를 생각해 보자. 그러면 지금 만드는 교육이 더욱 가치 있어질 것이며, 사명감이 생길 것이며, 교육의 더 큰 그림을 그릴 수 있게 될 것이다. 우리에게 주어진 사명은 다음 세대를 위한 준비이다.

미래를 생각하는 교육

교육은 보통 현재의 것만 생각한다. 하지만 교육에서는 현재를 적용하면서 미래지향적으로 사고해야 한다. 그러한 관점에서 생각하면 자신의 삶에서 메시지를 건져 올리기 용이하다. 한마디의 메시지라도 줄 수 있다면, 지금 여러분의 삶은 가치 있는 삶이다. 물론 메시지를 더 다듬어 최고의 상태로 넘겨줄 수 있는 능력과 자격이 있다는 사실도 잊지 말자.

기획자의 경험

02

한 사람을 변화시키는 콘텐츠

동화 《이상한 나라의 앨리스》에 이런 상황이 나온다. 앨리스가 길을 가며 고양이를 만나게 된다. 그리고 고양이에 묻는다.

"여기서 어느 길로 가야 하나요?"

그 말을 들은 고양이가 대답한다.

"그것은 네가 가고 싶은 곳이 어디인지에 달렸지."

앨리스는 다시 말한다.

"딱히 가고 싶은 곳이 있는 건 아니에요."

그리고 고양이가 또다시 대답한다.

"그렇다면 어느 길로 가든 별 상관이 없겠는데."

교육의 목적은 '한 사람의 변화'

교육을 기획하는 사람은 분명한 철학과 관점을 가져야 한다. 그것이

기획하는 사고이다. 철학과 관점이 흐릿한 상태에서 교육을 만들어 나가다 보면 형식적인 보고서를 만드는 듯한 느낌이 들 것이다. 또한 교육이 완성된 후에도 무미건조한 교육에 그치고 말 것이다. 결국 교육 현장에서 가르치는 사람이나 배우는 사람이나 지루하게 만들 것이다.

개인적으로는 교육을 기획하면서 피터 드러커에게 큰 영향을 받았다. 처음으로 교육철학의 관점을 가질 수 있게 영감을 준 사람이 피터 드러커였다. 피터 드러커는 경영학을 개발한 사람으로, 그의 경영철학과 사상은 현대 경영에 큰 영향을 미쳤다. 비록 분야는 다르지만, 피터 드러커와의 만남은 첫 번째 교육철학을 만드는 데 많은 도움을 주었다.

피터 드러커를 만난 것은 독서포럼을 기획하면서였다. 교육적인 부분만 아니라 경영적인 부분의 기획도 필요할 때였다. 독서포럼의 기획에 책임과 부담이 컸었다. 어떻게 운영해야 할지 고민하며 책을 찾다가 피터 드러커의《비영리단체의 경영》을 발견했다. 당시 독서모임은 수익을 창출하지 않는 비영리 단체의 성격을 가지고 있었기에 도움을 얻을 수 있다는 생각으로 책을 읽기 시작했다. 그러던 중 비영리 기업에 관한 피터 드러커의 정의를 만났다. 그가 내린 정의는 경영기획뿐 아니라 교육기획에도 많은 도움이 되었다.

> "기업은 각자의 목적에 맞게 운영되어야 한다. 기업이란 세 종류의 기업이 있다. 영리 기업/정부 기업/비영리 기업으로 구분되어진다. 이들 기업들은 각자의 목적을 가지고 있다. 영리 기업의 목적은 수익을 창출하는 것이다. 정부 기업의 목적은 정책의 안정적인 정착이다. 비영리 기업의 목적은 '한 사람의 변화'이다."

가슴에 큰 깨달음을 느낄 수 있었다. 많은 생각들이 교차했다. 비영리 기업의 목적이 '한 사람의 변화'라니! 이것은 이후 모임을 운영하고 교육을 기획하는 데 많은 영감과 도움을 주었다. 즉 독서모임에는 사람이 많고 적음이 중요한 것이 아니었다. 이 모임을 통해 한 사람이라도 변화를 일으킬 수 있다면 그것으로 가치 있는 것이었다.

나는 독서모임을 기획하며 한 사람이 모임에 들어오는 순간부터 나가는 순간까지를 쪼개어 평가해 보았다. 프로그램 하나하나가 사람의 변화에 초점이 맞춰져 있는지를 검토했다. 그 과정에서 교육과 프로그램들의 방향이 설정되었다. 또한 모임을 성장시켜 나가며 많은 매뉴얼들과 독서 문화들을 개발해 낼 수 있었다.

책을 만들어 낼 때도, 교육을 기획할 때도 같은 기준을 세우고 기획을 해나갔다. 한 권의 책이라도 책을 읽기 전과 읽은 후의 변화가 없다면, 그 책은 의미가 없는 책이 되는 것이라 생각했다. 교육이 잘 이루어졌다는 것 또한 마찬가지이다. 교육을 듣기 전과 들은 후에 어떠한 변화를 이끌어 냈는지가 그 교육의 가치를 평가해 주는 것으로 여겼다. 이러한 관점과 사고는 지금까지 교육을 기획하고 행사를 기획할 때 가장 기본적으로 갖추는 사항이다.

나는 교육이나 행사를 마친 뒤 스스로에게 묻는다.

'우리가 하는 교육은 사람들의 무엇을 변화시켰는가?'

이어서 다음과 같은 여러 가지 질문을 던진다.

- 알지 못하던 사람이 명확히 알게 되었는가?
- 절망적이었던 사람이 희망을 가졌는가?

- 실천하지 못하던 것을 실천하게 되었는가?
- 이전에 도전하지 못하던 것에 도전하게 만들었는가?
- 꿈을 갖지 못하던 사람이 꿈을 가졌는가?
- 고민하던 사람의 고민이 시원하게 해결되었는가?

이 질문들은 교육의 분야와 성격에 따라 다양하게 적용될 수 있다.

'한 사람의 변화'는 중요하다. 우리가 하는 교육이 한 사람이라도 변화를 이끌어 낼 수 있다면 그 교육은 의미 있는 교육이 될 것이다. 변화라는 것은 외형적인 변화만이 아닌 내면의 변화까지도 포함한다. 따라서 다양한 관점으로 교육에 접근할 수 있는 사고가 필요하다.

〈쉰들러 리스트〉라는 영화가 있다. 나치 치하 실존했던 쉰들러라는 오스트리아인이 유태인 수용소의 유태인을 살리기 위해 노력한 이야기를 담은 영화다. 이 영화에서 주인공 쉰들러는 독일군과 협력하여 군용물품 제작으로 막대한 부를 쌓는데, 자신의 공장에 유태인들을 고용해서 그들을 보호하고 살려준다. 전쟁이 끝난 뒤 쉰들러에 의해 목숨을 건진 이들은 금니들을 모아 반지를 만들고 그 반지에 유태인의 경전인 《탈무드》의 격언을 새겨주었다.

"한 사람을 구함은 세상을 구함이라."

교육으로 한 사람이 변화될 수 있다면, 그 사람이 어떠한 영향력을 미칠지 아무도 모른다. 삶에서 고군분투한 메시지가 청년들에게 어떤 도움을 줄지, 나아가 그 청년들이 다음 세대에 어떤 영향을 미칠지 아무도 단정적으로 말할 수 없는 것이다.

3년 정도 많은 부분에서 기획을 하며 이 관점을 적용했다. 그 결과 나는 피터 드러커가 틀렸다는 것을 깨닫게 되었다. 피터 드러커는 '한 사람의 변화'가 비영리 기업만의 목적이라고 했지만, 영리 기업, 정부 기업의 목적도 '변화'였다. 영리 기업은 소비자의 니즈를 깨닫고 의사결정을 위한 소비자의 변화를 이뤄내야 한다. 그것이 없다면 수익을 창출하기 어렵다. 제안의 과정, 광고, 마케팅 이와 같은 것은 모두 사람에 관련된 것으로 구매를 위한 변화를 이끌어 내는 작업이다.

정부 기업도 마찬가지이다. 정책을 실행하기 위해 끊임없이 공지를하고 매체를 통해 알려야 한다. 그런 과정을 통해 사람들의 인식을 변화시켜야만 정책에 성공할 수 있다. 정책을 수용하고 따라갈 수 있도록 사람들의 변화를 이끌어내야만 한다. 결국 기업들의 목적은 '사람의 변화'라고 말할 수 있는 것이다.

피터 드러커는 독일 나치의 독재정치를 보며 각 개인이 무능해질 경우 국가에 의존하게 된다는 것을 깨달았다. 개인의 국가 의존도가 높아지면 독재가 발생할 가능성도 높아진다. 따라서 진정한 자유를 위해서는 각 개인이 성숙하고 성장해야 한다고 강조했다.

피터 드러커는 노후에 비영리 기업에 관한 활동을 많이 했다. 자본주의 사회에서는 영리 기업과 동등한 수준으로 비영리 기업이 활동할 때사회의 균형이 맞춰지고 평등이 이루어진다고 생각했기 때문이다. 피터드러커의 특징은 사람에 집중했다는 점이다.

당시 경영학의 방향이 경영 시스템 쪽으로 초점을 맞추고 있던 데 비해 피터 드러커는 사람에 초점을 맞추고 있었다. 그는 기업의 본질적인 성장은 인재에게 있으며, 각 개인이 주어진 역할을 하고 그 이상으로 넘어설 때 기업의 성장에도 영향을 미친다는 점을 강조했다. 그러면서 지식경영이라는 개념을 만들어 한 개인을 지식화하는 것에 대해 역설했다.

한국 사회도 모든 초점을 사람에게 맞춰야 한다. '사람이 어떻게 더 나은 삶을 살 수 있는지, 행복한 삶을 살 수 있는지'에 집중하는 것이 모두가 잘되는 길이다. 그러기에 더더욱 '변화'를 목적으로 삼는 것이 큰 도움이 될 것이다.

한 사람의 변화의 과정을 설계하는 '페르소나'

경영에는 페르소나라는 것이 있다. 페르소나란, 상품을 기획할 때 가장 적합한 고객 한 명을 설정하고 그의 라이프 스타일을 추적해서 분석함으로써 상품의 니즈를 기획해 내는 방법 중 하나이다.

경영의 페르소나와 같이 교육에서도 한 사람의 변화를 스토리로 잡아 나가는 일은 기획 시 큰 도움이 된다. 특히 교육 모듈을 설계할 때는 교육생이 변화되어 가는 과정을 교육 시작 시점부터 교육 종료 시점까지 스토리식으로 점검하는 일은 매우 효과적이다. 이것이 바로 '스토리텔링'이다. 스토리텔링이란 쉽게 말해 한 사람의 스토리를 만들어 나가는 것이다.

교육에 가장 적합한 한 사람을 설정한다. 그리고 그가 어떤 방식으로 변화되어질 것인지 스토리를 만들며 교육을 개발해 나간다. 이것이 교육에서 한 사람의 변화의 과정을 설계하는 '페르소나'라 할 수 있다.

이런 상황을 가정해 보자. 당신의 직업은 강사이다. 그런데 수백 명의 교육생 중에 가장 사랑하는 연인이 속해 있다. 당신은 고민한다. 연인을 어떻게 행복하게 해 줄 수 있을까? 어떻게 하면 정말 가치 있는 것을 줄 수 있을까? 연인은 강의를 통해 어떻게 변화할까? 당신은 그것을 스토리로 구성해 본다.

단테의 소설 《신곡》은 세기의 명작으로 평가받는다. 그런데 그 소설의 모티브가 된 것은 단테 자신이 짝사랑하던 베아트리체였다. 베아트리체 한 사람을 향한 관심과 집중이 단테의 내면에 있는 위대한 것을 끄집어낸 원동력이 된 것이다.

한 사람을 변화시키는 것은 결코 가벼운 것도 아니며 쉬운 것도 아니다. 하지만 그것으로 시작하기는 훨씬 쉬워진다. 자신이 사랑하는 한 사람을 기억해 냄으로써 교육에 대한 단서를 풀어 나가는 것이다. 그것은 교육을 기획하는 데 영감을 제공한다.

실제로 기획을 하는 이들은 본인이 가장 사랑하는 사람을 위해 무언가를 만들곤 한다. 그리고 그 결과물이 호응을 얻는 경우가 드물지 않다.

변화를 이끌어내는 '실행자의 원칙'

변화를 이끌어 내는 사람은 교육자이다. 교육자는 교육에서 실행자이며, 교육에서 중요한 원리 중 하나는 '실행자의 원칙'이다. 내가 다녔던 대안고등학교의 교장선생님이자 교육자이신 원동연 박사님의 교육책들에는 부록으로 '실행자의 원칙'이라는 섹션이 공통적으로 들어가 있다.

이 메시지는 교육자들을 향한 간곡한 부탁의 메시지였다.

> "자신의 능력을 계발하는 경험을 직접 하지 않고서는 타인의 능력을
> 계발하려는 시도는 결코 성공할 수 없다."

즉 교육자가 실천하지 않은 것, 자신이 직접 하지 않은 내용을 교육생들에게 전달하면 성공할 수 없다는 것이다. 아무리 교육자가 좋은 것을 배워 왔다고 할지라도 본인의 생생한 체험이 동반되지 않으면 전달 효과가 없다는 것이다. 실제로 교육을 기획하면서 나도 그런 느낌을 종종 받았다. 무언가를 경험하고 교육으로 만드는 사람과 그렇지 않은 사람의 교육은 확연하게 차이가 났다.

무언가를 경험한 사람은 그 경험을 영감적으로 잘 풀어내는 반면, 경험하지 못한 사람은 그 무언가를 지식적으로 풀어낸다. 교육에서 영감은 교육효과를 극대화시킨다. 영감이 교육생의 상상력과 실행을 이끌어낼 수 있는 것이다. 그러므로 교육자 자신이 경험하지 못한 교육은 곧 힘을 잃어버린다.

이와 동일한 말을 르네상스의 천재 예술가인 레오나르도 다빈치도 말하였다.

> "지식은 경험의 딸이다. 그의 이론이 경험에 의해서 밑받침되어 있지
> 않은 사색가의 교훈은 듣지 말라."

'이거 가능한 걸까?'

교육을 받는 사람들의 본능적인 감정과 생각이다. 교육이란 미래에 대한 제안이자 배움에 대한 도전이다. 그런데 교육자조차 실천하지 않은 것을 교육생에게 실험적으로 가르치려는 시도는 '교육적으로' 잘못된 것이다.

교육자에게는 어떠한 과정을 한 발 먼저 나아가 경험하려는 자세가 필요하다. 그런 교육자의 교육이 진실된 것이라 믿는다. 아무리 말을 잘한다 해도 직접 실천하지 않은 것은 교육생들의 마음속에 들어가기 어렵다. 삶의 실행으로 옮겨지기 어려운, 불완전한 메시지로 남을 가능성이 크다.

그리스 로마 시대에 두 명의 명연설가 키케로와 데모스테네스가 있었다고 한다. 데모스테네스는 말더듬이로, 이를 고치기 위해 거센 파도가 몰아치는 바닷가에서 큰 소리로 외치는 연습을 했다. 또한 정확한 발음연습을 위해 입안에 작은 자갈을 집어넣고 스피치 훈련을 했다. 그뿐만이 아니다. 폐활량을 키우기 위해 가파른 언덕을 달려 올랐으며, 제스처를 연구하기 위해 거울 앞에서 끊임없이 연습했다.

그에게는 어깨가 자꾸 올라가는 습관이 있었는데, 이 습관을 고치기 위해 천장에 실로 칼을 매달았다. 어깨가 닿으면 찔리도록 스스로를 고통에 빠뜨린 것이다. 논리적 기술을 쌓기 위해서 지하실을 서재로 만들고 한 달 남짓 두문불출하며 독서와 연구에 몰두하기도 했다. 그 기간 중 밖에 나가고 싶은 유혹을 뿌리치려고 머리와 수염을 반쪽씩 깎기도 했다.

키케로가 연설을 하면 사람들은 "와! 멋진 연설이다." 하며 감동했다고 한다. 그런데 데모스테네스가 연설을 하면 "우리 지금 이것을 해야 하지 않겠는가." 하며 실천을 했다고 한다. 데모스테네스는 실천했던 사람이다. 그래서 그의 연설(교육)은 사람(교육생)의 마음에 더 깊이 들어갈 수 있었던 것이다. 사람을 움직이게 만든 것이다.

실천을 한 교육자의 교육에서는 '진정성'이 드러나기 마련이다. 그 진정성은 교육생의 변화를 이끌어낸다. 교육자는 이를 가슴속 깊이 담고 스스로를 준비해야 한다. 교육자에게 가장 중요한 것은 교육하기 위한 자기 자신을 준비하는 일이다.

기획자의 경험

03

내면에 잠들어 있는 거인 깨우기

미래에 대한 비전을 가져야 한다. 비전은 훈련을 통해 가질 수 있으며,
성취할 것도 미리 상상해 볼 수 있어야 한다. 상상을 통해 미래를 보는
비전도 훈련을 통해 예리하게 만들 수 있다.

- 피츠버그 대학 글레저 교수

거인을 일으키는 힘

강영우 박사의 저서 《교육을 통한 성공의 비결》에서 교육의 중요성과
힘에 대해 알려주는 이야기가 하나 있다. 이 실제 이야기는 가난한 이민
자의 아들로 미국에서 유명한 판사가 된 사람에 대한 것이다. 그 사람은
바로 어빙 밴쿠버 판사이다. 어빙 밴쿠버 판사는 어린 시절 너무도 가난
해서 광산촌에서 흩어진 석탄을 가져와야만 했다. 그 모습을 친구들이
볼까봐 골목길로 다니다 보니 종종 깡패를 만나 몰매를 맞았다. 그럼에

도 가난 때문에 조마조마하며 석탄을 주우러 다녀야만 했다.

그러던 어느 날 그는 《고버대일의 투쟁》이라는 책을 읽었다. 그리고 자신도 싸워서 이겨야겠다는 긍정적이고 적극적인 태도를 가지게 되었다. 이후 다시 깡패를 만났을 때 그는 죽을힘을 다해 싸웠다. 세 명을 상대로 피투성이가 되고 전신이 멍이 들 때까지 싸워 마지막 한 명까지 결국 이기게 되었다. 어떻게 두려움과 부끄러움에 가득한 한 소년에게서 그러한 힘이 나올 수 있었던 것일까? 그 힘의 원천은 교육이다.

어빙 밴쿠버는 교육을 통해 자신도 투쟁해서 승리할 수 있다는 태도를 배울 수 있었고, 그것을 실천할 수도 있었다. 자신과 같이 가난하고 억울함을 당하는 사람들을 위해 정의를 실현해 나가며 살아야겠다는 적극적인 태도를 가진 끝에 판사의 자리까지 올랐다.

교육이란 외면의 사람을 다루는 것이 아니라 내면의 사람을 다루는 것이다. 교육을 한다고 몸이 건강해지거나 강해지지 않는다. 교육은 내면의 무엇인가를 강하게 만든다. 더 구체적으로 말하자면 교육은 미래에 대한 생각을 품게 만든다. 미래를 생각하며 사는 사람에게는 어떠한 역경도 이겨낼 수 있는, 모험을 할 수 있는 힘이 생긴다.

누구는 교육받지 않는다면 현재 모습 그대로 살 수밖에 없다. 어디로 가야 할지, 어떤 꿈을 가져야 할지 모르기 때문이다. 교육은 그것을 알려주는 역할을 한다.

오래전 동대문 재래시장의 한 문방구에 들어간 적이 있었다. 문방구의 직원인 청년이 얼마나 야무지게 일을 잘하는지, 손님을 대하는 태도와 물건을 정리하며 찾아내는 모습을 보니 정말 일머리가 뛰어나다는 생각이 들었다. 그곳을 나오고 나서도 그 청년의 인상이 자꾸 떠올랐다.

그러면서 한편, 부유한 자와 가난한 자의 차이가 무엇인지를 생각해 보았다. 부유한 사람은 그 부를 만들어 내고 다스릴 수 있는 지식이 있는 사람이고, 가난한 사람은 그러한 과정을 모르는 사람이라는 생각이 들었다. 문방구의 청년도 본인이 꿈꿀 수 있는 교육을 받으면 부유한 자가 될 가능성이 있겠다는 생각이 들었다. 가난도, 부도 그저 주어지는 것이 아니라 만들어질 수도 있는 것이기에.

꿈을 심는 교육

대학 시절 필리핀에 봉사활동을 갔던 경험이 있다. 멘토였던 심정섭 선생님과 함께 비전 스쿨을 진행하는 일을 했다. 그때 비전 워크숍을 하며 인상적인 경험을 했다. 여전히 생생한 기억으로 남아 있다.

꿈에 대한 워크숍을 할 때였다. 아이들에게 꿈이 무엇인지 물었다. 한국이었으면, "박사요.", "가수요.", "발명가!", "대통령!" 등등 다양한 대답이 나왔을 텐데, 그곳은 그렇지 않았다.

"What your dream 너의 꿈은 뭐니?"

그 질문에 태양에 그을린 시커먼 피부의 아이는 해맑게 대답했다.

"Coconut cutter 코코넛 커터!!"

내가 갔던 곳은 유난히 코코넛 나무가 많았다. 그 지역에서 제대로 된 직업이라고는 코코넛커터가 다였다. 혹은 군인이었다. 아이들은 그것만 보았기에 그것만이 유일하며 안정적인 직업인 줄 알았던 것이다. 그 경험을 통해 교육의 목적을 새삼 깨닫게 되었다. 교육은 누군가에게 보이지 않는 미래의 꿈을 그리게 해줘야 한다고 생각했다.

교육은 미래에 대한 희망을 줄 수 있어야 한다. 희망이 없다면 누가 노력하며, 또 미래의 행복이 없다면 지금의 고통을 어떻게 이겨낼 수 있겠는가. 즉 교육은 사람의 내면에 미래에 대한 가치를 심어 줘야 한다. 바로 꿈을 심어 주는 것이다. 교육생이 자신의 내면에서 이전에 꿈꾸지 못했던 것을 꿈꿀 수 있게 만들어 주는 것이다. 교육에서 꿈을 심어 주는 것은 무척이나 중요한데, 이것은 교육의 효과에도 영향을 미치기 때문이다. 꿈을 가지고 학습을 하는 사람은 그렇지 않은 사람보다 더 적극적이다.

꿈은 현재의 '나'를 생각하게 함으로써 미래의 '나'로 이동시켜 주는 수단이다. 생각을 할 수 있게 만들어 준다는 개념은 교육자와 교육생 모두에게 무척이나 중요한 것이다. 생각의 파급력은 사람마다 어떻게 확장될지 아무도 모른다. 교육으로 하나의 생각이 심어지면, 그것이 학습자의 의지에 따라 더 많은 생각으로 성장하기도 하며, 더 널리 퍼지기도 한다. 다른 생각과 조화되어 새로운 것을 만들어 내기도 하며, 어떠한 상황에서는 독특한 아이디어로 나오기도 하며, 심화되어 더 깊이 있는 개념들로 재탄생하기도 한다.

교육자가 교육을 통해 꿈을 심어 준다고 해서 바로 그 자리에서 열매를 맺는 것은 물론 아니다. 그렇지만 언제 어떤 열매를 맺을지, 어떤 나무가 될지 아무도 모르는 것이다. 그러므로 교육은 꿈을 심는 일에 더욱 매달려야 한다.

교육이 사람의 생각을 통해 꿈을 만들어 내고 미래의 가치를 만들어 낸다는 것은 측정할 수 없는 영역이다. 하지만 대부분의 사람들이 교육을 통해 이러한 과정을 거친다는 것을 확신할 수 있다. 누구나 삶에서

기획자의 경험

어떤 성공적인 부분은 있기 마련이다. 그것은 교육을 통해 생각을 하고, 그 생각으로 이룬 결과물이다.

그렇기에 교육은 긍정적이며 미래지향적이어야 한다고 생각한다. 과거의 지식과 정보를 가르친다 하더라도 교육의 방향은 교육생의 미래에 영향을 미칠 수 있는 쪽으로 잡아야 하는 것이다.

교육이 미래에 대한 두려움을 만들어 내서는 안 된다. 교육이 잘못되면 누군가의 미래를 오히려 막을 수도 있다. 이러한 관점에서 대한민국의 대입 수학능력시험은 어떠한 대안책으로든지 바뀌어야 한다고 생각한다. 각 개인의 꿈이 수능과 대학에 좌우되기에는 시대가 너무 많이 변화되었다. 수능은 젊은이들뿐만 아니라 많은 이들의 꿈에 장벽이 된다. 그러나 수능이 사라지는 데는 시간이 오래 걸릴 것 같다. 그러므로 먼저 우리의 의식부터 깨우자.

직업 선택에서 안정성만 보고 오로지 공무원 쪽으로 진로를 잡고 오랜 시간을 투자하는 것 또한 낭비라고 본다. 이것은 우리의 교육이 사회의 다양성을 보여주지 못한다는 문제를 드러내는 단적인 예다.

교육을 기획할 때 이 교육이 교육생의 삶에 어떤 의미를 일깨워줄 수 있는지, 미래의 어떤 것을 생각하게 만들어 주는지, 어떤 목적으로 이끌어 주는지 등을 생각해야 한다. 본질적인 것에 집중할 수 있도록 도와주어야 한다. 그것이 교육 기획의 본질이다.

교육에 불가능이란 없다

교육은 불가능을 가능으로 바꾼다.

예를 들어 사업을 하는 사람이 불가능하다고 생각되는 업무에 부닥쳤다고 가정하자. 이때 교육을 통해 지식을 갖게 되고 에너지를 얻게 되면 불가능하게만 보였던 업무를 해낼 수도 있다.

충분한 잠재력이 있음을 깨닫지 못해서 활용하지 못하는 사람이, 자신감을 잃어버린 사람이 교육으로 깨어나는 경우도 있다. 이러한 사람들을 교육은 더욱 적극적으로 깨워야 한다. 이들을 그대로 내버려두는 것은 국가적으로 손해이다. 각 개인의 잠재력이 깨어나고 그것이 뭉쳐질 때 국가의 경쟁력도 높아진다.

교육은 개인의 독립을 이끌어야 한다. 교육생이 교육 현장을 떠난 뒤 그 교육을 가지고 독립이 가능한지를 보는 것이다. 교육생에게는 실생활에 필요한 기술을 쥐어주는 것처럼 외면의 독립도 필요하지만, 내면의 독립도 필요하다. 내면의 독립을 이룬 사람은 남에게 의존하지 않는다. 도전하며, 실천하며, 자신의 꿈에 대한 방향을 찾아 나간다.

교육의 목적은 활용에 있다. 교육생이 자신의 삶에서 무엇을 돌려받을 수 있는지 교육자는 생각해야 한다. 또한 독립적으로 온전하게 교육대로 나아갈 수 있는지 고민해야 한다.

일본 메이지 유신의 사상가 후쿠자와 유키치가 말했다.

"독립심이 없는 사람은 남에게 의존하게 된다. 남에게 의존하기 시작

기획자의 경험

하면 반드시 남을 두려워하며, 남을 두려워하는 자는 남에게 아첨하게 된다."

그래서 후쿠자와 유키치는 일본 국민들에게 학문을 권했다. 일본은 학문, 즉 교육에 힘쓴 결과 개혁의 필요성을 느꼈고, 개혁을 통해 세계 선진국의 대열에 들어가게 되었다.

우리가 하는 교육은 어떤 모습일까? 혹시 교사의 권위에 복종하게 만들어 주고 있지는 않은가? 교사를 바라보게 만들고 있지는 않은가? 또한 자신의 업적에 존경하게 만드는 것에 만족하고 있는 것은 아닌가?

우리의 교육은 꿈을 향한 독립된 인간을 지향해야 한다. 독립심을 갖춘 사람이 시대를 변화시키며 새로운 삶의 양식을 만들어 낼 것이기 때문이다. 한 사람의 온전한 독립은 우리 모두의 성공의 발판이 된다.

04

콘텐츠와 러브마크Love Mark

교육 현장에서 교육을 전하는 사람은 교육자이다. 교육자는 교육생에게 교육을 전달하면서 이상적인 환경보다는 상식에 어긋나거나 불합리한 태도를 더 자주 맞이하게 된다. 그럼에도 교육생들을 사랑할 수 있다면, 그들은 교육자의 사랑을 느끼고 마음을 열 것이다. 교육자의 사랑에 마음의 문을 연 교육생들은 자신의 안에 있는 최상의 것을 끄집어내기도 한다. 사랑이 그런 능력을 만들어냈기 때문이다. 교육자의 사랑은 교육생을 더욱 사랑스럽게 만든다. 교육생이 최상의 것을 끄집어내는 모습은 교육자에게 최고의 보람을 안긴다. 진정한 교육자는 교육 속에 러브마크를 남기는 자신만의 방법들을 경험적으로 알고 있다.

사랑은 사람을 움직인다

교육은 교육자의 메시지를 교육생에게 전달하는 것이다. 이 과정에서 중요한 개념이 '사랑'이다. 교육에서 사랑이라니. 이것이 비현실적이며 이상적인 소리처럼 들릴 수도 있다. 그러나 사랑을 교육에 어떻게 구현시켜내느냐는 교육의 방향과 방법을 차별화할 수 있다. 사람은 본능적으로 사랑하는 사람의 말을 듣는다. 사랑하는 사람을 향할 때 그에게 진짜 필요한 것이 무엇인지 찾으려고 한다. 교육자와 교육생이 서로를 사랑할 때도 마찬가지다.

'어떤 교육 방법이 기억에 오래 남을 수 있는가?'

이것은 교육의 중요한 과제 중 하나이다. 이를 위해 조건 반응적, 뇌과학적, 심리적으로 많은 연구가 행해졌다.

사람의 기억은 크게 두 가지를 오래 기억한다. 바로 공포에 대한 기억과 사랑에 대한 기억이다. 공포에 대한 부분은 충격으로 인하여 기억에 오래 남는다. 이것은 부정적인 영향을 미치며 트라우마를 불러일으키기도 한다.

반면 사랑은 각 개인의 영역에서는 도전을 불러일으키고, 집단적으로는 단합을 만들어 낼 수도 있다. 특히 학생들은 교육을 받으며 자신을 사랑해준 선생님의 과목을 좋아하며 잘하게 된다. 또한 자신이 좋아하는 선생님의 과목을 잘하는 것도 마찬가지이다. 교육자와 학습자의 사랑의 유대감이 만들어진 후의 교육 효과는 기억에 오래 남을 뿐 아니라 다른 학습에 전이가 될 수도 있다. 그렇기에 교육자에게는 교육에 들어가기 전, 그 교육에 대한 사명감 혹은 사랑을 가지는 것이 필요하다. 이러한 마음가짐으로 교육에 들어가는 것이 학습자에게도 큰 영향을 미친다.

교육에서 사랑이라는 것을 구체적으로 어떻게 실천하고 적용할 수 있을까? 다음의 세 가지로 적용해 볼 수 있다.

1. **교육의 선한 의도** _ 교육철학, 목표, 목적에 영향을 미치는 것
2. **교육의 진정성** _ 진리에 대한 교육자의 연구와 준비
3. **숨겨진 내면** _ 학습자 내면의 수줍은 아이를 보고자 하는 것

첫째, 교육의 선한 의도이다. 자신의 교육에 대한 의미와 사명 그리고 철학에 선한 의도가 있는지 살펴야 한다. 사랑이 없다면 이 살핌은 이루어지지 않는다. 교육이란 학습자의 내면의 사람을 일깨우는 것인데, 사랑 없는 교육은 자칫 내면의 사람을 잠재울 수도 있다. 교육의 선한 의도는 곧 교육의 목적과도 통한다. 선한 의도가 목적을 이룬다. 교육의 목적은 물론 교육생 그 자체이다.

내가 개인적으로 아는 한 교사는 같은 주제를 다루지만 매해 조금씩 교육을 변화시킨다. 교육생들에 맞춰 고민하며 이들에게 맞는 교육으로 맞추는 것이다. 이러한 과정이 많을수록 교육과 교육생은 하나가 되어 간다. 교육이 교육생의 삶에 선한 영향을 미친다.

둘째, 교육의 진정성이다. 교육에서 전달되는 메시지는 진리의 성격을 지니고 있어야 한다. 그것이 진정성이다. 진정성이란 말의 무게는 '보편성'이란 말로 살짝 낮출 수 있다. 보편성이라는 것은 일반적으로 누구에게나 적용되는 성질이다. 교육이 그래야 한다. 진리는 누구에게나 통한다.

진리의 체계는 보통 철학에서 시작한다. 교육철학은 어떠한 것에 대한 개념적인 본질을 다룬다. 따라서 교육적인 내용에 대해 기초적인 토

대가 될 수 있다. 교육을 기획할 때 지녀야 할 교육철학은 명료하다. 교육생의 관점에서 교육의 성격과 방식을 정해 본인만의 교육철학들을 세우면 되는 것이다.

그러나 교육철학을 비판적으로 볼 수 있는 눈이 필요하다. 교육철학이 언제나 완전무결한 진리가 될 수는 없기 때문이다. 시대와 문화적인 요소로 적용될 수 없거나 그저 이상에 그치는 것들도 있다는 것이다.

교육철학을 비판적으로 검토할 때 쓸 수 있는 효과적인 방법이 있다. 개인적으로 신앙에 대해 고민하며 세계관들을 공부할 때 알게 된 검증 도구이다. 진리를 진리라고 검증하는 도구가 있다는 것을 그때 알게 되었다. 물론 진리를 찾아내는 완벽한 도구가 될 수는 없겠지만, 개인적으로는 활용하며 많은 도움이 되었다.

총 8가지였던 것을 3가지로 정리했다.

 진리의 검증 도구

첫째. 처음부터 끝까지 일관된 체계가 있어야 한다
어느 나라든 어느 시대든 일관되게 이어져 온 것을 의미한다.

둘째. 내적 외적의 정합성
이론적으로 생각하는 것들이 외부의 세계에서도 나타나야 한다. 즉 개념적인 것들이 실질적인 현실에서 나타나고 있는가 하는 것이다.

셋째. 실천 가능성
위의 두 가지를 가지고 일상생활에서 지속적으로 살아갈 수 있는가의 여부이다. 이론과 실제가 같다고 하더라도 그것을 가지고 지속적으로 살아갈 수 없다면 진리라고 하기 힘든 것이다.

진리에 대한 탐구 즉 교육자의 학문에 대한 사랑은 교육생에게도 전달되어 학습에 영향을 미친다. 진리를 검증하는 도구는 이것만으로 완전하다고 할 수 없다. 하지만 이러한 진리의 잣대는 교육을 보편적으로 만들고 검증하는 데 도움이 된다. 교육자는 교육철학과 사상들을 열심히 배우되 자신의 철학들을 검증을 통해 정립해 나가는 자세가 필요하다.

교육철학을 세워 나가는 작업을 단지 자신의 이론을 정립하고 자신만의 교육 스타일을 완성하려는 목적으로 행하는 사람들도 있다. 하지만 교육을 연구하는 사람들의 호기심이 사람에 대한 사랑으로 연결될 때 그것은 더 의미 있어진다. 여러분은 무엇을 위해 교육을 연구하고 정립하기 원하는가?

셋째, 숨겨진 내면이다. 교육생 내면에 숨어 있는 수줍은 아이를 불러내야 한다. 어른이든 아이든 누구든지 어떠한 배움에 대해 호기심을 가지고 있다. 그 호기심이 그저 호기심에만 머물면 내면의 수줍은 아이가 되는 것이다. 교육자의 사랑은 이러한 수줍은 아이를 깨우며 배움에 대한 의지를 불러일으킨다. 처음에는 관심 없는 듯, 혹은 상관없는 듯 굴던 수줍은 아이가 교육자의 사랑으로 인해 활발하게 움직이게 된다.

나는 수줍은 아이를 불러내기 위해 교육의 대상군에 있고, 주변에서 내가 가장 사랑할 수 있는 한 사람을 설정해서 강의를 기획하곤 한다. 해당 교육의 목적에 맞게 가장 적합한 한 사람을 설정한 뒤 그 사람만을 생각하며 디테일하게 교육을 구성해 나가는 것이다.

교육자는 자신이 가장 사랑하는 사람을 교육할 때 어떻게 할까? "왜 이해 못해?" 하며 화를 낼 수도 있겠지만, 대부분은 따스하게 교육할 것이다. 매몰차게 했다가는 사랑하는 사람이 떠날 수도 있으니까. 사랑하는 사람을 위해 교육할 때는 학습 내용에 상대를 향한 배려가 들어간다. 친절해지고 감성적이 된다.

교육생들에게도 사랑하는 사람에게 하듯 교육해야 한다. 교육자의 감성은 학습자에게 그대로 전달된다. 이러한 마음가짐은 교육생의 인원에 상관없다. 한 명이든 여러 명이든 전체에게 전달되며 도움을 준다.

거듭 강조하지만 교육의 목적은 한 사람의 변화이다. 교육 기획자는 그 목적을 바로 세운 채 변화를 위한 메시지를 만들어 내는 사람이다. 하지만 이러한 메시지의 성과가 교육시간에 바로 이루어지는 것은 아니다. 교육이란 마치 씨앗처럼 교육 시간에 깊게 심겨야 하는 것임을 나도 오랜 시간이 지난 후에야 알게 되었다.

고등시절 대안학교를 다니며 당시 5차원 교육을 받았지만 사실 무엇을 배웠는지 기억도 나지 않았다. 그런데 훗날 사회생활을 하면서 대안학교에서 배운 많은 부분들이 작용하고 있다는 것을 알게 되었다. 그 시절의 배움이 삶이 되어 움직이고 있다는 것을 느끼며 그때의 교육에 감사하다는 마음이 들었다.

교육자는 교육생의 미래와 희망을 보아야 한다. 비록 의도했던 바가 더디고, 바로 이루어지지 않더라도 그것이 교육생의 삶에 분명한 메시지를 던지고 있다는 희망을 잃어서는 안 된다. 그래야만 그 교육에 힘이 생긴다. 교육생의 가슴에 불을 지펴 줄 수 있다. 성과는 대박이 아니라 누적이다. 또한 성공은 당신이 서 있는 위치가 아니라 당신이 바라보는 방향에 있다.

사랑은 교육생들의 가슴속으로 들어갈 수 있는 열쇠이다. 가장 깊게 남을 수 있는 흔적이다. 그러므로 사랑을 소홀히 여기면 안 된다. 사랑을 받은 교육생들은 자신만의 메시지를 만들어 나간다. 그리고 능력 이상의 메시지를 만들어 내기도 한다. 우리는 사랑으로 다음 세대를 바라보아야 한다. 우리가 이루지 못한 세상을 이들이 일으켜 줄 것이다.

교육의 교육하는 방식

교육에 사랑이 포함되는 것은 학습적인 부분을 넘어 사회적으로도 중요하다. 한번 생각해 보길 바란다. 그 나라의 학습 방식은 그 나라의 일하는 방식과도 비슷하다.

우리나라의 학습 방식은 시험 중심이다. 때문에 독립적으로 공부하는 방식에 익숙하지 않은 채로 사회로 진출하는 경우가 많다. 그런 상태에서는 직장에서 토론을 하며 팀워크로 일하는 데 어려움이 있다. 각자 맡은 업무만 숙제하듯 알아서 하는 방식으로 일하게 된다. 학습 방식이 일하는 방식으로 이어진 것이다. 이것은 멀리 보면 사회적 손실이다. 복잡하고 다양한 사회에서는 토론과 협업이 더 효율적이다.

교육은 교육하는 방식도 교육적이어야 한다는 것이 나의 생각이다. 교육은 사람의 미래에 영향을 미치기 때문이다. 사랑은 교육적인 교육 방식이다. 사랑은 많은 것에 큰 변화를 일으킬 수 있다.

교육은 더 나은 미래를 생각한다

아이로 탄생해서 노년에 이르기까지 우리는 과거 자신의 모습을 지우고 새로운 자신을 맞이해야 하는 숙명에 늘 놓인다. 항상 새로운 삶을 향해 나아가야 한다. 우리가 지금까지 온 과정을 돌이켜보면, 예측하지 못한 것들이 더 많은 시간들이었다. 성공도 있었지만 실패도 많았다. 뒤늦게 깨달음으로 후회하는 시간도 있었다. 하지만 돌아갈 수는 없다.

우리가 해야 할 일은 우리가 어디로 가야 할지, 무엇을 해야 할지를 내면으로 그려 보는 일이다. 내면의 그림을 잘 그리려면 앞서 산 사람들의 지식이 도움이 된다. 교육자는 그 지식을 전해서 그림을 그릴 수 있도록 도와주는 사람이다. 즉 사람들에게 생각의 변화를 일으키는 촉매제다. 꿈꾸는 것을 시도하며 도전했을 때 성취할 수 있는 사회. 교육자는 그런 사회의 발판을 만드는 역할을 수행하는 사람이다.

한국과 같이 식민지를 경험한 국가들의 교육 특징은 주입식 강의가 많다는 것이다. 주입식 강의는 각 개인의 잠재성에 대한 가능성을 죽여버리는 것이 특징이다. 교육의 목적이 리더보다는 충성된 국민 그리고 산업화를 위한 일꾼을 만들어 내는 데 있다. 이러한 특징과 목적을 가진 주입식 강의 중심의 교육으로는 세계화 시대에 뒤처지기 십상이다. 지금의 시대에서는 각 개인의 잠재성과 독특성을 살리는 교육, 그것을 타인과 공감할 수 있게 만드는 역량을 살리는 교육이 필요하다. 오랜 시간 한국을 좀먹은 식민지 문화는 점점 바뀌어가고 있지만, 교육만큼은 아직 멀었다고 본다. 교육 문화를 바꾸려면 학교에만 의존해서는 어렵다. 사회 전체가 힘을 모아야 교육 문화를 회복시킬 수 있다.

유태인의 경우 식민지의 역사가 깊음에도 불구하고 세계의 리더로 우뚝 섰다. 이들이 식민지 생활을 하고 전 세계의 디아스포라가 되었음에도 위대한 민족으로 세계에 영향을 끼칠 수 있는 힘은 무엇일까? 그 힘은 '하브루타'라는 독특한 교육 문화이다. 하브루타는 질문하며 생각하는 교육이다. 일방적으로 가르치고 설득하는 교육이 아니다.

우리나라도 식민지 교육 문화에서 빠져나올 수 있다. 그 방법이란 서로가 서로를 가르치는 교육 문화의 정착이다. 이러한 교육 문화는 국가뿐 아니라 조직, 단체에서도 필요하다. 누구나 자유롭게 가르칠 수 있고 배울 수 있는 사회 분위기가 형성되어야 한다. 누구나 교육자가 될 수 있고, 자신의 지식과 경험을 지식화해서 타인과 공유할 수 있는 문화가 바로 서로가 서로를 가르치는 문화이다. 지금은 SNS를 통해 많이 이루어지고 있지만, 아직 부족하다. 사회적으로 더 장려해서 시스템적으로 구축해야 한다.

교육으로 변화된 한 사람은 한 조직을 변화시킬 수 있다. 변화된 조직은 다른 조직, 더 큰 조직을 변화시킬 수 있다. 변화가 번지면 마침내 나라도 바꿀 수 있다. 이 세계도 바꿀 수 있다. 이것이 바로 교육의 힘이다. 세상의 리더는 교육으로 태어난다.

교육이란 본인만 생각하는 것이 아니다. 물론 본인의 가치를 극대화시키는 것은 기본이다. 그러나 남의 가치를 극대화시키는 것도 기본이다. 교사는 교육생을, 교육생은 다른 교육생을 생각해야만 한다. 그래야만 변화의 물결이 커진다. 더 나은 세상이 다가온다.

2015년 캄보디아를 갔을 때였다. 그들의 아픈 역사인 킬링필드Killing Fields를 보며 경악을 금치 못하였다. 1975~1979년 캄보디아의 폴포트의 공산주의 정권 크메르루즈가 인국의 1/3을 대학살을 하게 된 세계에서 가장 잔인한 학살이 만행되었다.

농민 이외에는 모두가 가짜라며 지식인들을 죽이기 시작하였는데, 안경을 쓴 사람, 손에 굳은살이 없는 사람, 살이 하얀 사람 등 지식인같이 생긴 사람이면 가차없이 죽여 버린 것이다.

그때 그 나라의 모든 지식인들이 사라졌다. 그 후대는 100년이 넘게 스스로 일어서지 못하는 절망스러운 결과를 낳은 것이다. 교육의 단절은 그 나라의 정체성 뿐 아니라 그 나라의 미래의 희망까지도 사라지게 한 것이다.

'이 나라의 정체성과 말라버린 교육의 씨앗을 어떻게 회복할 수 있을까?'

막막했다. 그들에게 필요한 것은 그들의 정체성의 회복과 다음 세대를 일으킬 리더들이었다. 하지만 교육으로 그들의 리더가 세워지고 다시 그 리더가 교육으로 다른 리더를 세우고…… 이로서 사회의 어느 한 기반이 세워지고…… 다시 리더가 세워지고…… 이 과정으로 사회가 안정되기까지 50년~100년은 더 걸릴 것 같은 생각이 들었다.

교육은 나라를 성장시키는 최고의 전략이다. 한 나라의 정체성을 확립하고, 경제력을 회복하는 데에도 중요한 요소이다. 그러므로 식민지 나라들은 교육을 통해 희망을 가져야 한다. 물론 우리나라도 마찬가지이다.

05

영혼을 움직이는 소울러닝Soul Learning

영감의 영향력

영감이란 영적인 감각이다. 靈신령 영 感느낄 감. 1) 신령스러운 예감이나 느낌 2) 창조적인 일의 계기가 되는 기발한 착상이나 자극을 뜻한다. 즉 영감이란 사람의 내면에 느껴지는 감각으로 기쁨, 환희, 슬픔, 고독 등이 포함된다. 형체가 없으며, 정확한 언어로 표현될 수 없다. 사람마다 각각 차이가 있기에 객관적으로 표현하기에는 무리가 있다.

하지만 신비하게도 영감이 자신에게 어떠한 메시지를 전달하는지 본인은 알고 있다. 영감에 민감한 예술가들은 이것을 예술품으로 표현한다. 예술품과 마주한 사람들은 그 작품을 통해 자신의 내면에 자극을 받는다. 즉 영감을 받는다. 사람들은 슬픈 것을 보고 슬퍼하며, 즐거운 것을 보고 웃는다. 사랑받으면 기뻐한다. 이는 사람마다 영감이 있다는 증거이다. 단지 사람과 사람이 대면하는 것을 넘어 영적으로 소통하고 있다는 것을 의미한다.

이전부터 영감은 보이지 않게 영향력을 미쳐 왔다. 시대를 이끌어 가는 사람들의 특징 중 하나는 사람들에게 영감을 불러일으켰다는 것이다. 이 사실은 역사 속에서 어렵지 않게 발견할 수 있다. 비즈니스 세계에서도 영감의 영향력이 작용하고 있다. 즉 영감은 시대를 이끌어 가는 비밀스러운 힘이다.

혁명의 변화 과정		특징	경쟁력
1차 혁명	농업혁명	농기계의 발달로 농업의 대량생산	기술력
2차 혁명	산업혁명	산업기계를 통한 대량생산-저 원가 전략	자본력 / 기술력
3차 혁명	정보혁명	컴퓨터와 인터넷을 통한 정보화 / 차별화	정보의 네트워킹
4차 혁명	영적혁명	단순하며, 본질적이며, 영감을 불러일으킴	영감Spirit

1차 혁명은 농기계의 발달로 통한 농업의 대량생산이 특징이었다. 인간이 가진 지식이 육체적인 노동을 대신할 기계를 발명시킨 것이다. 그리고 이것은 2차 혁명, 즉 산업혁명으로 연결되어 우리가 일상생활에 필요로 하는 물품들을 대량 생산해 내며 인간의 삶의 질을 높여 주었다. 가령 이전에는 부유한 사람만 탈 수 있던 자동차를 대량 생산으로 인해 평범한 사람들도 탈 수 있게 만들어 준 것이다. 이 시대에서의 경쟁력은 대량 생산을 위한 기계와 공장을 만들어 낼 수 있는 자본력이었다. 자본력을 가지기 위한 욕망으로 인해 금융 또한 함께 발달했다.

3차 혁명은 정보혁명으로, 디지털 혁명이라고도 한다. 컴퓨터의 발명으로 사람들은 정보를 산업에 적용했고, 이를 통해 지식 산업 및 관련 산업이 발달했다. 또한 컴퓨터의 보편화와 인터넷을 통해 전 세계를 연결했고 정보의 세계화도 이룩했다. 사람들은 이를 통해 민감해지기 시작했다. 일반 대중의 정보습득 능력이 늘어날수록 전 세계적으로 트렌드의 변화가 이전에 볼 수 없었던 빠른 속도로 이루어졌다. 그 빠른 변화는 기업들을 당혹감에 빠뜨리기도 했으며, 기업가의 예측을 더욱 어려워지게 만들었다.

나는 우리가 살고 있는 시대가 영감의 시대에 도달했다고 생각한다. 정보를 삶에서 떼어낼 수 없지만, 한편으로는 정보의 과부하로 인해 사람들이 의사결정에 장애와 스트레스를 받고 있기 때문이다. 사람들은 누군가 이것을 해결해 주기를 원한다.

빅데이터를 통해 시스템적으로 사람들에게 서비스를 제공해주는 단계에 왔지만, 그것이 만족감과 평안함을 주지는 못한다. 이제 사람들은 영감을 줄 수 있는 것들을 원한다.

탁월한 경영학자들과 비즈니스맨들은 이 '니즈'를 눈치 채고 실행에 옮겼다. 일례로 스티브 잡스는 기존의 개념과 다른 과학과 인문학의 교차점에서 사람들의 영감을 불러일으키는 디자인으로 세상을 한 단계 전진시켰다. 아직 영감은 디자인적인 부분에 머무르고 있다. 하지만 점점 그 영역이 넓어지고 있다. 영감이 친인간적, 친환경적으로 성장하고 있다. 그러한 영감이 있는 기업과 사람이 세계를 이끌어 갈 것으로 기대된다. 정말 그랬으면 좋겠다. 최첨단 기계들과 인공지능들이 점령한 세상은 너무 차가울지 모르므로. 그런 세상은 지금보다 더 살기 싫어질지도 모른다.

우리의 교육도 단지 지식만 전달하는 것이 아니라 영감을 전달하는 교육이 되었으면 좋겠다. 영감이 넘치는 교육을 통해 누구나 영감을 다룰 수 있는 사람으로 성장했으면 한다. 교육에 임하는 이들이 더 높은 사명감과 무게를 가지고 교육에 임하기를 바란다. 미래를 바라보며, 미래의 사람들을 꿈꾸며 교육할 수 있기를 기대한다. 조금씩 변화시켜 나가면 된다. 시간이 지나면 큰 변화가 일어날 것이다.

교육자는 지식과 경험을 교육생의 가슴속에 깊이 심어주고, 사랑이라는 흙으로 덮고, 희망의 물을 주는 사람이 되어야 한다. 그런 교육자에게 교육받은 교육생은 미래에 거대한 나무로 자라 세상에 시원한 그늘을 선사할 것이다.

물론 사람을 다루는 직업은 고되고 힘들다. 그래서 교육자들은 마음의 부담도 있고, 내면의 책임감도 있다. 그래도 교육자의 교육이 우리의 미래를 밝게 한다는 마음으로 힘을 내기를 바란다. 또한 위로받기를 바란다.

영혼에 이끌려 살기

살아가면서 감정에 따라 몸이 움직이는 경우가 많다. 추우면 옷을 껴입고, 배가 고프면 먹고, 슬프면 울고, 고통스러우면 소리 지르고, 감정이 상하면 화를 내고, 기쁘면 웃고……. 이렇게 감정이 몸을 움직이려 할 때 마음속에서 그것을 제어하기도 한다. 그래서 우리는 슬프지만 참고, 역경을 만나면 버티고, 힘들지만 미래를 위해 이겨내는 것이다. 이렇게 사는 것은 감정에 따라 사는 모습이 아니다. 내면의, 영혼의 울림에 따라 사는 모습이다.

감정에 호소하는 사람은 누군가에게 의존하게 된다. 자신의 감정을 해결해 줄 무언가를 끊임없이 찾기 때문이다. 하지만 영혼의 울림에 따라 사는 사람은 홀로 서려 한다. 자신이 살아가는 이유를 스스로 만들어 내고, 위대한 목적을 만들고, 그에 따라 살아간다. 이들은 기존에 하지 못했던 것들을 찾아내 기어코 해낸다. 다른 사람들에게 영감을 주며 자신뿐 아니라 주위를 변화시켜 나간다. 이들로 인해 우리의 시대는 전진하게 된다.

어느 시대이든 그 시대를 혁신하는 사람을 필요로 한다. 시대를 혁신하는 사람들의 특징은 영혼의 울림에 따라 움직이고, 영감으로 사람들을 움직인다는 것이다. 결국 영감은 인류와 세계를 감동시킬 수 있는 열쇠인 것이다.

누구나 삶 속에서 어느 순간 영혼의 울림이 일어난다. 그 순간 마음속에 무언가가 들어가 심긴다. 그것이 교육으로 만들어지면 영혼을 울릴 수 있는 교육이 된다.

우리의 교육자들이 정말로 학습자들의 삶에 긍정적인 영향을 미치고 싶다면 스스로 영혼에 따라 살아야 한다. 그것이 우선되어야 한다. 그러한 교육자들에게서 발산되는 교육은 영혼을 울리는 교육이 된다. 그 교육의 파장은 세상에 널리 퍼질 것이다. 더 많은 이들에게 전해질 것이다.

교육자는 교육생의 영혼을 바라보아야 하며, 그것을 울릴 수 있어야 한다. 그러기 위해서 자신에게 그 울림이 있는지를 먼저 살펴야 한다. 자신에게 주어진 영혼의 작은 울림들에도 귀 기울이며, 그것을 씨앗으로 교육을 만들어야 한다. 그래야만 그 교육자의 교육이 진정한 가치를 가지게 될 것이다.

기획자의 경험

지금 자신이 겪어온 경험들을 살펴보자. 그때 무엇인가 가슴속에 올라온다면 영혼의 울림일 가능성이 크다. 그것을 붙잡아 교육을 시작해 보자.

"자신의 경험이 기획이 된다"

교육을 하면서 교육생들의 마음을 움직이게 하며 생생하게 상상할 수 있도록 만드는 요소는 무엇일까? 나는 '경험'이라고 생각한다. 교육이라는 것이 지식과 정보만으로 이루어진다 하더라도 품격이 있어야 한다 인식이 있다. 기획을 하면서 다른 사람이 생각하지 못한 생각들은 다른 사람들이 하지 못한 경험들로부터 나온 것들이었다.

대안고등학교 시절의 경험들, 영화연출의 경험들, 해외여행에서 느끼는 낯선 경험들 등… 다양한 경험들이 마음속에 그리고 오감으로 기억하고 있었다. 그리고 기획을 할 때면 기획에 어울리는 느낌들이 떠올랐다.

우리가 알고 있었던 '교육'이란 머릿속에 익히는 것이라면, 이제 우리가 쌓아나가야 하는 것은 '경험'을 오감으로 익히는 것이다. 이러한 경험들은 자신의 삶의 어느 부분의 기획이 된다.

✏️_____ 대안학교 1세대이자 원동연 박사님이 세우신 대안학교 세인고등학교 1기
로 졸업했다. 3년 동안 영화 연출을 공부했다. 사면이 산으로 갇힌 그곳에서 자유롭
고 인격적인 관계속에서 교육받았다. 되돌아보면 이때의 경험은 인생의 큰 영향을
미쳤다.

✏️_____ 고등시절 영화를 배웠지만 대학교는 경영학과로 갔다. 영어과 교수님의
제안으로 영어로 시티콤 같은 영화를 함께 찍었는데 대학시절 기억에 가장 남는 추
억 중 하나이다. 연출을 할 때면 다른 것은 아무것도 하지 못한다. 오직 밤낮으로 영
화의 스토리 장면만을 생각하게 된다. 교육 기획을 할 때도 프로젝트 기간동안 잠들
기 전 교육의 내용들이 맴돌아 잠들지 못할 때가 많은데 연출할 때의 경험이 전이
된 듯하다.

✎ ——— 군대 제대 후 편입을 1년 반 공부했다가 멈추었다. 마음에 상처가 있었다. 이때 멘토를 해주신 분이 심정섭 선생님이시다. 필리핀의 미션 트립을 제안하셨고 그곳에서 태권도를 가르쳤었다. 너무도 순수한 아이들이었다. 이때 이들의 사랑으로 새로 시작할 큰 힘을 얻었다. 한국에서 아무것도 하지 못할 것이라 낙심하며 좌절하고 있었는데 나의 가난이 이들에게는 큰 부유함이었다. 나는 참 많은 기회를 가진 사람이라는 것을 깨닫게 되었다.

✎ ——— 편입에서 떨어지고 난 뒤, 필리핀에서 자신감을 얻어 다시 대학으로 돌아왔다. 그리고 대학시절 KOI라는 스터디 그룹을 맡아 운영했다. 이 스터디 그룹을 통해 사람들을 만나는 것이 좋았다. 열심히 활동하며 자연스럽게 스터디 그룹은 확대되어 3개로 나누어 30여 명 정도 관리했다. 이때 큰 성과는 미국의 어학연수 프로그램에 35명 중 15명이 합격하여 함께 갈 수 있었다.

기획자의 경험

✎_____ 첫 직장인 '휴넷'의 지식사업부 팀원들. 건강하고 밝은 기업문화를 경험했고 비록 인턴이었지만 같은 또래의 직원들이 잘 챙겨주었다. 휴넷에서 기획하는 이들을 보면서 교육 기획자라는 꿈을 구체적으로 가질 수 있었다. .

✎_____ 첫 직장을 그만두고 자전거 위에 책과 짐들을 싸들고 제주도를 여행했다. 어린 시절부터 함께해 온 바다를 따라 달릴 때 지난 어린 시절의 추억들이 함께 떠오른다.

✎ ——— 2012년 한달 반 동안 책을 싸들고 절의 고시원에 들어갔다. 당시 나의 실력에 대해 한계를 느끼고 결단하고 들어가서 교육철학, 교육공학 책들을 공부했다. 거의 누우면 머리와 발이 닿는 방에서 매일 책만 읽었다.

✎ ——— 절에서 공부를 마치고 나홀로 인도로 떠났다. 왜 인도였는지는… 무엇인가 끌렸다. 한달 반 동안 다양한 문화를 경험하며 많은 생각을 할 수 있는 시간이었다. 사막에서부터 아름다운 타지마할 그리고 죽음의 강 바라나시… 각각 모든 것이 낯선 경험이었다. 인도는 각 지역마다 각 문화가 있다. 그중 바라나시는 죽음의 강인 겐지스강이 있다. 죽음과 삶이 공존하는 이곳이 많은 생각을 하게 만들어준다. 이곳에서 우연히 고등학교 후배를 만나게 되었다.

저자의 일기장

군대 때부터 일기를 써오기 시작했다. 매일 반페이지 적던 것이 3P 바인더를 만나고 나서 체계적으로 관리가 되기 시작했다. 일기 쓰는 습관은 나의 생각을 훈련하는 좋은 습관이 되었다.

서핑을 시작한 것은 2015년부터이다. 서핑을 하며 이전에 몰랐던 바다에 흠뻑 빠졌다. 자유로움의 상징인 서핑은 나에게 많은 영감을 주었다. 국내에서는 동해에서 경험하다 2017년에 발리에 갔었다. 가기 몇 주전 발목 부상이 있었지만 목발을 짚고 발리에 갔었다. 국내와 다른 수준의 파도였다. 그때의 파도를 잊지 못한다.

🖊 2018년 서핑의 경험을 가지고 청년들에게 전하는 《라이프서핑》이란 책을 출간했다. 라이프 서핑은 라이프 플랜 + 서핑의 조합어이다. 서핑의 특징들을 삶에 접목하였는데 반응이 무척 좋았다. 그동안의 내가 고민하며 힘들어 했던 순간들이 책에 묻어 나왔고 이것이 전달이 되며 사람들에게 독특한 영감을 줄 수 있었다.

어떠한 경험이든 그것은 자신의 삶의 기획이 된다는 사실을 잊지 말자. 비록 힘들고 지친 순간조차도 보석같이 쓰일 시간이 올 것이며 그것으로 힘을 얻게 되는 누군가 있다는 것을 잊지 말아야 한다. 삶은 누군가에게 필요로 되어짐을 깨달을 때 의미를 찾게 된다.

내 인생 최고의 감사는 최고의 교육보다 남다른 경험이 주는 영감이었다.

기획자의 경험

chapter 2

콘셉트,
사람의 마음을
여는 열쇠

경험에서 오는 지식과 정보 외에도
감정, 느낌, 영감 등은 교육의 좋은 소재가 된다.
이 여러 가지 소재를 하나로 심플하게
교육생에게 들어갈 수 있게 만드는 열쇠가
바로 콘셉트이다.

01

콘셉트를 위한 사고와 관점

콘셉트에 집중하기

교육을 만들기 전에 우선해야 할 작업은 무엇일까? 그것은 바로 콘셉트를 만들어 내는 작업이다. 교육에서 콘셉트라는 것이 낯설게 느껴질 수도 있다. 하지만 지난 10년간 콘셉트의 중요성을 교육 현장에서 실감했다.

콘셉트는 교육생들의 마음의 문을 열어준다. 뿐만 아니라, 교육의 목적에 맞게 교육자와 교육생을 하나로 연결해 주기도 한다. 잘 짜인 콘셉트는 교육생들에게 영감을 준다. 교육생들의 마음속 깊이 남아 교육 현장을 떠난 삶의 현장에서 그것을 적용하며 살 수 있도록 도와준다.

그렇기에 교육을 기획하면서 가장 많은 시간을 투자하고 집중하는 작업이 바로 '콘셉트' 작업이다. 나의 경험상 콘셉트가 잘 잡힌 후 작업을 하면 전체적으로 한 방향으로 기획이 잘 흘러갔다. 하지만 시간이 부족하다고 콘셉트를 소홀히 할 때면 어김없이 중간에 혹은 마무리에서 방향을 잃어버리고 다시 콘셉트로 돌아오고 말았다. 이만큼 중요함에 도 불구하고 교육 콘셉트에 대해 정립해 놓은 책이나 개념은 많지 않다.

교육에서 콘셉트를 정확히 잡지 못하면 팀원들과의 소통에도 어려움을 겪는다. 팀이 움직일 때는 사실 콘셉트를 분명히 하는 일에도 많은 에너지가 소모된다. 각자가 생각하는 콘셉트의 개념이 다르기 때문이다. 가장 많이 범하는 오류는 회의 중이나 우연히 떠오른 '아이디어'를 전체 콘셉트로 정하고 가는 일이다.

아이디어가 콘셉트의 요소는 맞지만 어디까지나 콘셉트의 부분일 뿐이다. 하나의 아이디어를 교육의 전체 콘셉트로 가져가는 것은 위험한 결정이다. 또한 누군가의 독특한 아이디어를 콘셉트로 정하는 것도 위험하기는 마찬가지이다. 콘셉트는 전체적인 그림 속에 세부적인 그림도 담아야 하기 때문이다.

이번 장에서는 교육 콘셉트의 개념과 도출 방법, 콘셉트를 정리하는 방법 등에 대해 다루어 보고자 한다. 교육학에서는 콘셉트의 개념이 흔하게 쓰이지 않는다. 때문에 콘셉트가 활용되는 다른 분야에서 콘셉트가 어떻게 기능하는지 살펴보며 교육 콘셉트를 설명하려고 한다.

비즈니스 관점에서의 콘셉트

콘셉트란 비즈니스의 마케팅 분야에서 활용되는 언어이다. '콘셉트'의 영어적 의미는 'Con한께 + cept엮다' 즉 하나로 일관되게 만들어 내는 것이다. 고객에게 기억되는 일관된 메시지를 언어화한 것이 콘셉트다. 또한 한자어로는 '개념'이라는 뜻이 있다. 상품의 기능 혹은 서비스의 정의를 내려 고객들의 언어로 개념화한 것 역시 콘셉트다.

다시 말하면, 콘셉트란 제품이나 서비스의 본질적인 부분이 하나의 메시지로 고객의 마음속에 들어가는 것을 의미한다. 콘셉트를 접한 고객은 상품의 기능을 넘어 콘셉트를 가지고 상품들을 구별하며 의사결정을 하게 된다.

기업에서는 콘셉트를 매우 중요하게 여긴다. 왜냐하면 고객은 일관된 메시지를 지속적으로 받을 때 그 상품이 인지가 되고, 관련된 상황에서 구매를 하기 때문이다.

> 비즈니스에서의 콘셉트의 요소 = 차별화 + 고객 혜택

블레싱컨설팅의 마케팅 전문가이신 경진건 대표님을 통해 배운 것은, 비즈니스에서 콘셉트는 2가지 기능을 가지고 있어야 한다는 점이다. 바로 '차별화'와 '고객 혜택'이다. 차별화라는 것은 본인의 상품이 다른 상품들과 구별되는 특징이다. 사람은 일반적인 것을 보았을 때 특별하게 기억하지 않는다. 그러나 특별한 요소들이 보일 때 특별하게 인지한다.

'고객 혜택'은 구매 결정으로 이어지는 요소 중 하나이다. 즉, 차별화된 상품에 눈길을 준 고객은 해당 상품이 어떠한 유익혜택으로 이어지는지를 고려한다. 고객은 자신에게 필요하지 않을 때는 그냥 지나가지만 특별한 유익으로 여겨질 때 그 상품을 구매하게 된다.

콘셉트는 이러한 차별화된 고객 혜택이 한 단어로 표현되는 것이다. 마케팅의 대가이자 《마케팅 불변의 법칙》의 저자 잭 트라우트는 "성공하는 기업은 잠재고객의 기억 속에 '한 단어'를 심어 놓는다."라고 했다.

콘셉트는 한 단어로 응축하여 만든 개념으로, 그 개념 속에는 상품의 기능, 스토리, 서비스, 디자인 등 다양한 것을 담고 있어야 한다. 비즈니스에서 콘셉트는 고객들에게 상품에 대한 어떠한 이미지를 형성해 주며, 구매로 연결되는 행동을 이끌어낸다.

마케팅학에서는 이런 말이 있다.

"열등한 제품이 우월한 제품을 이길 수 있지만, 열등한 콘셉트가 우월한 콘셉트를 이길 수 없다."

비즈니스 세계에서 콘셉트가 얼마나 중요한지를 보여주는 대목이다.

잭 트라우트는 "마케팅은 제품의 싸움이 아니다. 인식의 싸움이다."라고 말하기도 했다. 즉 마케팅은 인식을 다루는 학문인 것이다. 비즈니스에서 콘셉트 작업은 사람의 인식을 형성하게 만들어 주는 작업이다.

나는 교육 비즈니스를 하면서 이러한 콘셉트의 개념이 교육에서도 다르지 않다고 생각했다. 왜냐하며 비즈니스에서 고객에게 상품에 대한 정보가 들어가는 과정과 교육에서 교육이 들어가는 과정이 거의 동일하기 때문이다. 다만 다른 점이 있다면, 비즈니스에서는 전략적인 프로세스를 거쳐 콘셉트에 도달한다는 것이다.

연출적인 관점에서의 콘셉트

영화에서도 콘셉트가 매우 중요하다. 영화에서 콘셉트란 '핵심 스토리'이다. 보통 연출가들은 하나의 독특한 아이디어 혹은 상황을 가지고 그것을 스토리로 풀어낸다. 고객들을 영화의 마지막까지 끌고 오기 위해 여러 가지 극적인 상황들을 연출해 낸다. 어떠한 한 메시지를 전하기 위해 기승전결의 메시지를 만들어 주는 것이다.

영화의 포스터나 홍보영상에서는 보통 콘셉트를 드러낸다. 콘셉트에 대한 기대요소를 통해 관객들이 영화를 선택하게 만들기 위해서다. 콘셉트가 잘 잡힌 영화는 관객에게 강한 인상을 남긴다. 관객들은 하나의 기억 혹은 장면을 가지고 극장을 나가게 된다.

요즘은 온라인 교육이 활성화되면서 많은 교육들이 영상으로 만들어지는 추세이다. 그런데 영화의 경우 많은 이들이 2시간을 지루하게 여기지 않고 몰입하지만, 온라인 교육의 경우는 그렇지 못하다. 온라인 교육은 점점 교육시간이 줄어들고 있는 추세이다. 똑같은 영상인데, 그 차이는 무엇일까?

차이점은 콘셉트다. 영화에서는 콘셉트를 위해 전체 스토리가 이어져 있기에 관객의 마음을 끌어갈 수 있는 것이다. 영화에서 콘셉트란 어떠한 스토리 라인을 가지고 하나의 메시지로 다가가는 작업이다. 하나의 메시지를 이해시키기 위한 서브 스토리들의 전개이기도 하다. 사람은 어떠한 메시지든 스토리를 통해 전달받은 것을 더 오래 기억한다. 그래서 10분의 강의보다도 2시간의 스토리가 있는 영화에 더 인상을 받는 것이다. 스토리는 사람의 기억 속에 깊이 파고드는 기능이 있다.

온라인 교육에서도 연출적인 관점에서 콘셉트를 잡는 시도를 해볼 필요가 있다. 교육자들이 가장 쉽게 빠지는 오류는 좋은 것을 많이 주는 것이 좋은 교육이라고 생각하는 것이다. 교육은 어디까지나 교육생 입장에서 판단되어야 한다. 아무리 좋은 교육이라도 교육생이 받아들이지 못한다면 그것은 좋은 교육이라 할 수 없는 것이다. 교육에서는 그야말로 양보다 질이다. 좋은 것을 많이 준다고 해서 꼭 좋은 교육이 되지는 않는다. 질 좋은 교육은 콘셉트가 있는 교육이다.

교육에서의 콘셉트

사람은 전체를 한꺼번에 기억해 내지 못한다. 어떠한 키워드 혹은 어떠한 개념을 단서 삼아 추적해서 기억을 해낸다. 그렇기에 콘셉트가 잘 잡힌 교육은 기억을 오랫동안 유지하게 해준다. 당연히 몰입도 또한 높여준다.

교육생들은 교육을 통해 어떠한 이미지를 그려낸다. '이 교육이 나의 무엇을 변화시킬 것인가?', '어떠한 꿈과 비전을 그려 줄 것인가?' 이러한 이미지를 형성하게 해주는 것이 바로 교육에서의 '콘셉트'이다.

교육생이 어떠한 지식을 받아들일 때 콘셉트를 두고 이해하는 것과 그렇지 않은 상태에서 이해하는 것에는 큰 차이가 있다. 그래서 교육에서는 콘셉트가 중요하다. 콘셉트는 지식의 연결고리이자 확장의 중심이다. 대개 사람들은 새로운 내용을 받아들일 때 기존의 경험을 바탕으로 둔다. 새로운 내용을 경험과 연결지어 이해하려는 습성이 있기 때문이다. 다시 말해 사람은 하나의 지식을 만들기 위해 보편적인 개념을 작동시킨다. 그래야만 통일된 인식이 생겨난다.

콘셉트가 경험 혹은 보편적인 개념의 역할을 해준다. 새로운 것을 배울 때 콘셉트를 통해 이해의 연결고리를 쉽게 찾을 수 있다. 더 친근하게 새로운 것에 다가갈 수 있다. 교육 중에 진행되는 지식들을 자석처럼 끌어당겨 '내 것'으로 만들 수 있다. 콘셉트는 이와 같이 지식을 덩어리화시켜 사람의 기억 속에 남게 만들어 준다. 또한 지식의 전체적인 내용을 통합하여 방향을 제시해 준다.

교육자의 입장에서 콘셉트는 교육생과 소통할 수 있는 도구이기도 하다. 교육자와 교육생은 동일한 방향을 설정해야 하는데, 콘셉트가 그 일을 돕는다. 이처럼 교육에서의 콘셉트는 교육 효과를 높이는 데 무척 중요하며 크게 이바지한다.

교육에서의 콘셉트의 형태

콘셉트는 교육에서 전달하고자 하는 핵심 메시지를 하나의 단어로 만들어 준다. 이 단어를 세부 메시지로 구성해 낸다. 이때 교육 전체의 일관성을 가질 수 있고, 교육 콘텐츠의 느낌을 하나로 만들어 줄 수 있다. 콘셉트 작업을 할 때 교육 목적과 교육 목표, 교육 전략으로 정리해 내면 교육을 위한 실행계획이 세워지게 된다.

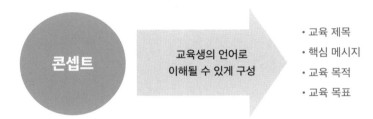

교육에서 콘셉트 설계는 "사람의 변화"에 초점이 맞춰져야 한다. 즉 교육생이 어떠한 교육으로 어떠한 변화를 하기 원하는지를 기획해 나가는 과정에서 충분히 검토한 뒤 교육 콘셉트를 만들어야 한다. 콘셉트는 전적으로 교육생에게 이해될 수 있는 방향으로 잡혀야 한다는 뜻이다. 특히 교육 제목에서는 전체 콘셉트의 내용을 예측하고 기대할 수 있는 응축된 단어로 표현되어야 한다.

교육 제목 _ 콘셉트의 제목

핵심 메시지 _ 콘셉트가 지향하는 메시지

교육 목적 _ 콘셉트가 존재하는 이유

교육 목표 _ 콘셉트가 이끌어갈 목적지

기존의 콘셉트 깨기

콘셉트를 만들고자 할 때 기존의 개념과 생각들에 갇히는 경우가 있다. 익숙해진 생각과 경험을 토대로 새로운 개념 혹은 콘셉트를 생각해 내기에 새로운 것이 나오지 않는 것이다. 콘셉트 작업을 할 때 익숙하지 않은 낯선 경험에서 좋은 콘셉트가 나오는 경우가 더 많다. 그렇기에 콘셉트 작업을 할 때 많은 자료조사도 필요하지만 자신이 가지고 있는 기존의 개념을 바꾸어 보려는 사고도 필요하다.

우리가 알고 있는 진리는 정보의 누적의 합이기도 하다. 시간이 지남에 따라 우리의 생각이 정형화된 경우도 있다. 그렇기에 다른 사람들의 새로운 생각을 스스로 검토해 볼 필요가 있다.

《과학혁명의 구조》라는 책에서는, 과학혁명의 시작은 항상 지식의 누적의 합이 아니라 기존 지식을 뒤집을 때 일어난다는 것을 알려주고 있다. 그러면서 코페르니쿠스의 지동설에 대한 사례를 들고 있다. 교육이란 새로운 미래에 대한 제안이다. 교육에도 혁명이 필요하다. 기존 교육이 잘못되었다는 생각이 들 때 기존의 교육을 더 정교하게 다듬기보다는 완전히 뒤집는 시도가 필요하다. 시대가 변화하고 있기에 교육혁명도 충분히 가능하다고 생각한다.

기획자의 경험

콘셉트를 교육혁명을 위한 첫걸음이라 볼 수 있다. 콘셉트는 전체적으로 본질적인 메시지를 남기면서 새로운 것들을 시도할 수 있는 다양성을 열어 주기 때문이다.

콘셉트를 만들어 내는 방법은 각 개인마다 그리고 상황과 교육 콘텐츠에 따라 다양해질 수 있다. 개인적으로는 여러 가지 방법들을 시도한 뒤 그것들을 조합하여 활용하는 것이 효과적이라고 생각한다.

삶 속에 전이되는 콘셉트

콘셉트는 개념, 즉 언어이다. 말로 핵심 메시지를 만들어 내는 것인데, 길이는 모국어로 20자 내외가 좋다. 간략한 한 문장이 가장 이상적이다.

교육에서 콘셉트는 교육생들이 지식을 받아들일 수 있는 뼈대를 갖추도록 도와준다. 교육자는 교육생들의 어두운 마음의 방에 콘셉트라는 랜턴을 가지고 비추며 들어가야 한다. 마음의 방이 밝아진 교육생은 콘셉트를 통해 자신의 삶에 관련된 것들을 엮어내기 시작한다. 교육의 콘셉트가 교육자를 통해 교육생에게 전달이 되고, 개인의 영역에서 일상에 적용되는 것이다. 이때 교육생은 자신이 배운 콘셉트를 있는 그대로 적용하는 것이 아니라 경험을 확장하거나 혹은 자신에 맞게 맞춤형으로 적용한다. 그러면서 지식은 정리되며, 축적되기 시작한다. 학습된 콘셉트가 일상에서 자연스럽게 힘을 발휘할 수 있게 된다.

　　교육에서 콘셉트의 목적은 교육의 메시지가 교육생들의 삶 속에 전
이되는 것이다. 나아가 교육생 자신의 경험으로 만들어 주는 것이다.

　　　　　　　　　　　　　　　　　　　　　기획자의 경험

02

콘셉트의 목적은 메시지다

콘셉트에 접근하기

이제 콘셉트를 만들어 가는 과정에 접근하려 한다. 결론부터 이야기하자면, 콘셉트를 만들어 가는 프로세스는 단편적이지 않다. 어떤 상황 혹은 사람마다 콘셉트가 나오는 스타일들이 각기 다르다. 그렇기에 여러 가지 방법으로 콘셉트 만들기를 훈련한 뒤 자신만의 방법을 찾는 것이 효과적이다.

콘셉트를 만들기 전에 선행되어야 할 일은 교육 기획에서 콘셉트의 역할과 조건에 대해 이해하는 것이다. 또한 전체적인 콘셉트의 구조를 이해하는 것 역시 필요하다.

콘셉트에 접근하는 사람들이 쉽게 범하는 오류 2가지가 있다.

1) 아이디어를 콘셉트로 이해한다 – 콘셉트가 나오는 과정에서 머릿속에 많은 아이디어가 떠오른다. 이러한 아이디어들은 어떠한 목적을 향

하여 개념화되어야 한다. 그런데 많은 사람들에게 몇 가지 강력한 아이디어를 중심으로 전체를 풀어나가려는 경향이 있다. 이러한 경우 아무리 좋은 아이디어라 할지라도 콘셉트로 발전하지 못한다. 전체적인 그림을 조망하며 여러 아이디어들을 연결하는 작업이 필요하다.

2) 콘셉트 얼라이먼트 – 콘셉트를 세부적으로 풀어내는 과정에서 콘셉트가 약해진다. 전체적인 콘셉트가 맞춰지면 세부 콘셉트 속에 녹아들어가야 한다. 전체적인 콘셉트를 건물로 비유하자면, 교육생들이 건물의 어느 부분(세부 콘텐츠)을 보든지 하나의 일관된 메시지 혹은 느낌을 받을 수 있어야 한다. 이것에 성공할 수 있는 콘셉트가 좋은 콘셉트이다.

연역식 & 귀납식 콘셉트 접근법

교육의 목적은 변화이다. 변화를 목적으로 교육을 구성할 때 변화에 영감을 주는 한 개념을 찾아야 한다. 그 개념은 교육을 만들어 낼 때 핵심 메시지와 연관된 단어로 표현된다. 그리고 그 단어는 세부 콘셉트들로 이어지게 된다. 교육에서 콘셉트를 정리하는 방식으로 연역적 방식과 귀납적 방식이 있다.

기획자의 경험

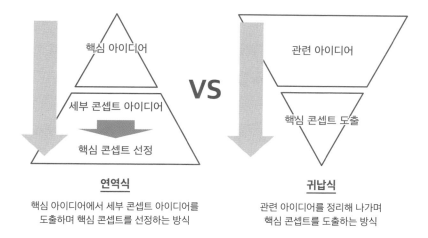

연역식
핵심 아이디어에서 세부 콘셉트 아이디어를
도출하며 핵심 콘셉트를 선정하는 방식

귀납식
관련 아이디어를 정리해 나가며
핵심 콘셉트를 도출하는 방식

△ **연역식**(의미정리식)

하나의 아이디어로 세부 콘셉트들을 잡아 나가는 방식

- 핵심 키워드가 정해졌다면 이것을 토대로 세부 콘셉트들을 구성해
나가는 방식이다.

▼ **귀납식**(자료 정리식)

여러 가지 자료를 수집해 세부 콘셉트를 만들어 나가며 메인 콘셉트
를 도출하는 방식

- 어떤 것을 교육할지는 이미 정해졌지만 하나로 엮을 개념이 생각나
지 않을 때, 여러 자료를 조사해서 그 속에서 일관된 메시지를 찾아
내는 방식이다.

    나의 경험상 콘셉트를 만드는 일은 연역식만으로도, 귀납식만으로
도 잘되지 않았다. 두 가지를 동시에 볼 수 있는 눈이 필요했다. 연역식
과 귀납식을 적절히 조화시킬 때 콘셉트는 짜임새 있게 정립되어졌다.

콘셉트란 명쾌한 것이다. 복잡한 실타래처럼 풀리지 않는 것이 아니라 어떠한 개념으로 머릿속에 딱 자리 잡는 그런 느낌이 있다. 그때 그것을 따라 확장해 나가는 것이 효과적이다. 콘셉트란 무형의 보이지 않는 것을 언어화, 이미지화하는 것이기에 이러한 과정이 필수적이다.

콘셉트를 만드는 요소

콘셉트는 단일적인 요소에서 나오기 어렵다. 다양한 요소에서 나올 수 있다. 교육의 목적에 따라 아래의 요소를 참고해 다양하게 접근하며 콘셉트를 도출해 낼 수 있다. 물론 보기로 든 요소가 절대적인 것은 아니다. 콘셉트에 접근하는 사람의 방식과 교육의 목적에 따라 달라질 수 있다. 정답이 있는 것이 아니다. 다만 내가 경험한 것을 소개하는 것이다. 다음의 요소들을 적용해 사고했을 때 콘셉트를 정리해 내기가 용이했다.

기획자의 경험

공감각적인 요소 _ 오감을 통해 사고해 보는 것

자연적인 요소 _ 자연의 현상과 요소에 적용해 보는 것

논리적(철학적) **요소** _ 논리적으로 확장해 나가는 것

인간적인 요소 _ 사람의 본질 혹은 삶의 의미에 강조하는 것

학문적인 요소 _ 학문의 특징을 표현하는 것

경험적인 요소 _ 어떠한 사람의 특정한 경험을 통해 나타나는 것

재미적인 요소 _ 즐거움을 주기 위한 목적의 것

콘셉트의 조건

잘 만들어진 콘셉트는 무엇일까? 잘 만들어진 콘셉트는 잘 응축되어 있으면서도 차별성을 가지고 있는 것이다. 콘셉트를 보았을 때 전체를 예측하는 것이 가능하며, 교육생과의 커뮤니케이션에도 도움이 되는 것이다. 또한 교육에서 콘셉트는 영감을 불러일으키는지를 확인할 필요가 있다. 콘셉트를 찾아 나가는 과정에서는 다음의 조건들을 검토하기를 권한다.

대표성 _ 핵심 메시지를 대표하는가?

보편성 _ 일관된 메시지를 담을 수 있는가?

차별성 _ 기억에 남을 만한 독특함이 있는가?

감수성 _ 영감을 불러일으키는가?

소통성 _ 교육생과 커뮤니케이션이 이뤄지는가? 수준이 같은가?

콘셉트를 위한 아이디어 취합하기

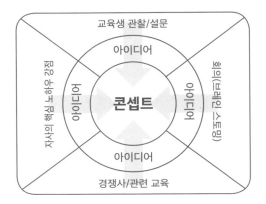

콘셉트를 만들 때 많이들 범하는 오류는 하나의 아이디어를 콘셉트
로 간주해 버리고 전체 교육을 만들어 나가는 것이다. 콘셉트를 만들 때
충분한 시장조사도 필요하다. 관찰이나 설문을 통해 교육생들의 의견을
얻는 것도 좋다. 경쟁사의 동향을 살피는 일, 부지런한 내부 회의, 자신
의 핵심 강점 살리기 등도 모두 콘셉트에 도움이 된다. 이러한 모든 과
정에서 아이디어가 얻어진다. 그 아이디어를 취합해 나가는 과정에서 하
나의 완성된 콘셉트가 구성된다.

이때 주의할 점은 처음에 꽂힌 아이디어에 지나치게 집착하지 않는
것이다. 많은 이들이 첫 번째 아이디어에 빠져 더 나아가지 못하고 확대
하지 못하는 경우가 있다. 그러므로 다양한 관점에서 아이디어를 도출
해야 한다. 그 과정을 거쳐 탄생한 콘셉트는 많은 이들에게 설득력 있
게 다가갈 것이다.

기획자의 경험

콘셉트 얼라이먼트

콘셉트를 개발할 때 개발자를 비롯해 함께 진행하는 사람, 교육생에게도 머릿속에 딱 달라붙는 메시지가 그려져야 한다. 이것을 경영적인 용어로 '스틱'이라고 부른다. 콘셉트를 개발하고 이것을 정립한 뒤에는 교육의 전체적인 부분에 콘셉트를 녹여내야 한다. 아래의 콘셉트 하우스를 통해 콘셉트를 어디어디에 녹여내야 하는지를 조망해 볼 수 있다.

교육명/핵심 메시지는 콘셉트의 개념 부분에 해당한다. 그 이하의 교육 목적/목표/전략 외 나머지는 세부 콘셉트로 구성된다. 콘셉트에 따라 모듈의 내용뿐 아니라 교육 디자인과 교육 환경까지 콘셉트를 녹여낼 수 있어야 한다. 이러한 콘셉트 하우스를 통해 교육에서의 전체 콘셉트 구조를 이해할 수 있다.

콘셉트 얼라이먼트에서 중요한 것은 무엇일까? 역시 사람의 변화이다. 각 부분을 세부 콘셉트화하며 얼라이먼트해 나갈 때 사람의 어떤 부분을 변화시킬 것인가를 중점적으로 사고하는 것을 잊지 말아야 한다.

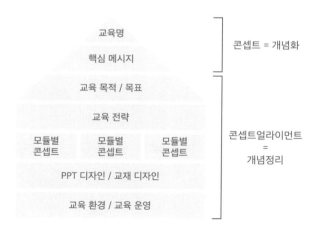

03

경험과 지식을 차별화하는 공감각

100년 전 독일에 바우 하우스라는 디자인 학교가 있었다. 나치 정권의 등장으로 중단된 학교인데, 14년간 학교를 운영하면서 시도된 디자인들은 지금까지도 지대한 영향을 미치고 있다. 이 시대 창조의 아이콘으로 불리는 스티브 잡스가 추구하고 베껴올 정도였다. 이 학교의 교육 철학은 바로 '공감각'이다.

공감각이란 감각이 서로 교차 되는 것을 뜻한다. 예를 들어 음악을 들으면서 이미지를 생각하고, 맛을 보면서 색을 느끼고, 색을 보며 감정을 느끼는 행위이다. 어떠한 상품 디자인에 이런 감각의 교차적 경험을 구현해 내는 것이다.

우리의 교육 방식은 대부분 1차원적인 접근에 그친다. 음악을 공부하면 음악만, 음식을 만들면 음식만, 운동을 배울 때는 운동만……. 교육에는 공감각적 접근이 필요하다. 공감각적 접근이라는 것은 다른 감각적 요소들을 통해 종합적인 경험, 즉 전이되는 공통된 느낌으로 하나의 메시지를 전달하는 것이다.

기획자의 경험

유태인들도 교육에서 오감 교육을 활용한다. 유태인들이 태어나서 처음으로 배우는 책은 바로 성경이라고 한다. 성경을 통해 하나님과의 친밀함을 갖는 것이 무엇보다 중요하기 때문이다. 그런데 이들은 '하나님의 말씀은 꿀보다 달다'라는 것을 전하기 위해 성경의 자음에 실제 꿀을 바르고, 그것을 맛보면서 성경을 읽게 한다고 한다. 아이들은 꿀보다 달콤한 하나님의 말씀을 오감으로 경험하는 것이다.

지식의 종합, 정보의 완성, 문제 해결의 방법론. 이런 것만으로는 사람을 변화시키기 어렵다. 교육에 대해서 최대한 온몸으로 느낄 때 변화의 가능성이 커진다. 교육의 힘이 오래 지속되기 때문이다.

비즈니스에서도 이러한 공감각의 활용이 활발하게 나타난다. 오감 마케팅이라 하여, 식사를 만드는 과정을 보여 주며 맛을 느끼게 해 주는 것도 이에 속한다. 감각적인 이해를 도움으로써 맛에 대한 감정이입이 가능하게 만들어 주는 것이다. 이것을 체험한 고객들은 오랫동안 그 브랜드 혹은 상품을 기억하기 마련이다.

교육의 콘셉트를 만들 때 중요한 것은 차별화다. 이 차별화를 만들 때는 창조성을 필요로 한다. 창조성이란 새로운 것을 만들어 내는 능력이다. 요리사들이 똑같은 재료를 가지고도 다른 요리를 만들어 내듯이 창조적인 생각에 따라 교육도 다르게 나타난다. 이렇게 창조적으로 접근하는 방법 중 하나가 '공감각'적 접근이다.

공감각의 요소 - 시각 / 청각 / 촉감 / 후각 / 색

오감각 _ 시각 / 청각 / 촉감 / 후각/색
경험의 감각 _ 스포츠 / 여행 / 추억 등

공감각의 요소에는 기본적으로 시각/청각/촉감/후각/색 등이 있다. 이 오감 외에 경험의 감각도 중요한 공감각의 요소이다. 교육에서는 오감각적인 요소보다는 경험의 감각이 더 중요하다. 이를 전이시키면 훌륭한 콘셉트를 만들 수 있다.

나는 서핑을 취미로 즐기고 있다. 서핑은 나를 자유롭게, 시원하게 해준다. 스트레스를 확 풀어준다. 그것이 서핑이 내게 주는 경험의 감각이다. 나는 이 감각을 교육적으로 풀어서 라이프 플랜에 적용했다. 그렇게 개발한 책이자 프로그램이 《라이프 서핑》이다. 서핑의 용어와 서핑의 특징, 서핑을 경험할 때 느끼는 감정을 교육으로 전이시킨 사례이다. 독자들은 라이프 플랜에 접근할 때 서핑의 감각을 느끼며 그것을 작성하게 되는 것이다.

서핑을 교육으로 전이시킨 것처럼, 교육에서는 감각의 전이를 시킬 수 있는 소재가 무한하다. 본인의 삶 전체가 콘셉트의 소재가 될 수 있다. 그렇기에 기획자는 무엇을 보든, 무엇을 경험하든 예사롭게 넘겨서는 안 된다. 일단은 즐겨야 된다. 즐길수록 경험의 감각은 발달한다.

'저걸 교육으로 만들어 본다면?'

'어떻게 교육에서 저런 느낌을 구현해 낼 수 있을까?'

자신의 경험에 이러한 생각을 불어넣자. 기존의 교육을 창의적으로 만들어 줄 것이다.

공감각의 기능을 발동시키자. 우리의 삶 곳곳에 공감각적 요소가 있음을 느낄 수 있을 것이다. 즉 어떤 이미지, 언어, 장소 등에서 두 개 이상의 감각이 교차한다면 공감각이 적용되는 것이다. 그것을 붙잡아야 한다.

의도하든 의도하지 않든, 공감각의 요소가 들어간 교육은 교육생들에게 더 깊이 다가간다. 더 오래 남는다. 공감각은 사람들에게 편안함 그리고 자연스러움을 전해준다. 그러므로 교육에서 공감각의 요소를 활용하는 것은 무척이나 중요하다.

공감각을 활용하는 방법 - 영감

교육에서 공감각을 콘셉트에 활용하는 방법은 무엇일까? 그것은 공감각을 개념화하는 것이다. 즉 느끼는 감정에 대해 개념화하는 것인데, 내 생각에 이를 컨트롤하는 것은 '영감'이다. 사람의 깊은 차원에서 나오는 영적인 감각이 공감각을 풀어낸다. 쉽게 말하면 명상, 집중 등과 비슷한 것이다.

한편 기독교에는 영육혼이라는 개념이 있다.

육체 _ 우리의 몸
혼 _ 우리의 생각
영 _ 영혼

생각은 우리가 일반적으로 알고 있는 논리적인 생각들이다. 영감은 논리적인 생각이 아니라 어떤 깊은 느낌이다. 모호하기는 하지만 뭔지 알 수 있는, 그런 것이 있다. 묵상과 명상 혹은 기도를 하다 보면, 이러한 것에 더욱 집중하다 보면 무엇인지 더 명확하게 알 수 있게 된다. 그런데 신기하게도 무엇인지는 알겠는데, 그것을 어떻게 표현할지를 모르겠는 것이 있다. 그것이 영감이다.

나는 예술가나 창조적 일을 하는 사람들에게는 이러한 영감이 있다고 믿는다. 나 또한 무엇인가 어떤 느낌에 집중해서 영감을 얻었을 때 이것을 언어적으로 풀어내어 교육을 만들어 낼 때가 있다. 이 작업은 논리적인 사고보다는 어떠한 감각에 의해 이루어진다. 그것을 나는 똑똑히 느낀다. 영감을 풀어낸다는 것은 자신의 심상에 떠오르는 무질서 속에서 질서를 잡아 나가는 과정이라 말할 수 있을 것이다.

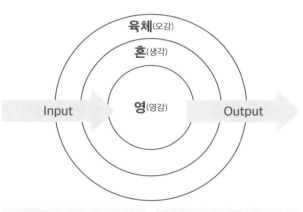

교육생은
체험을 통해 오감을 느낄 때 생각은 깊어지며 영감을 느낄 때 마음 깊이 남겨진다.

교육자는
영감을 통해 생각을 하고 체험으로 오감을 느낄 수 있게 만들 때 효과적인 교육이 된다.

기획자들에게는 자신만의 영감을 풀어내는 방법을 찾는 것이 중요하다. 보이지 않는 부분을 설계하는 존재가 기획자라는 관점에서 매우 중요하다.

육체의 활동을 통해 생각이 만들어지고, 그렇게 만들어진 생각은 영감을 불러일으켜 영혼에 작용한다. 영감이 주는 메시지가 영혼으로 들어가는 것이다. 이 과정은 지식을 받아들이는 과정과는 다르다. 경험을 통해 감동을 받는 과정을 떠올리면 이해가 쉬울 것이다.

교육을 만들어 낼 때 영감으로써 공감각을 활용하는 것은 일을 떠나 기획자들에게 큰 성취감을 준다. 기획자가 자신의 영감이 좋은 콘셉트로 탄생하는 순간을 맞는 것은 세상의 어떠한 경험보다 의미 있고 가치 있다. 큰 보람을 준다.

영감은 이해하기 어려운 부분이며, 보편적이지 못한 이론이다. 하지만 나는 교육을 기획하며 이러한 요소가 분명 존재한다는 것을 느꼈다. 영감을 경험한 사람은 이해하겠지만, 아직 경험하지 못한 사람은 감이 잘 안 올 것이다. 당연한 일이다.

단지 말하고 싶은 바는 내면에서 올라오는 목소리에 귀 기울이라는 것이다. 무엇인가가 자신이 원하는 방향으로 이끌어 줄 것이다.

04

콘셉트 회의로 다양한 사고를 융합하라

문제 해결사 브레인스토밍

사람은 일반적인 것보다 특별한 것, 차별화된 것을 더 빨리 인지한다. 그리고 오래 기억한다. 그러므로 교육에서도 차별화된 교육 내용이 필요하다. 교육생들은 자신이 기대하는 요소가 들어 있다면 시간 가는 줄 모르고 강의를 들을 것이다. 이런 경험은 누구나 한번쯤 해보았을 것이다.

그렇기에 콘셉트에서 차별화된 요소를 만들어 내는 것이 중요하다. 차별화는 많은 부분 사람의 경험이 토대가 된다. 또한 혼자 하는 것보다는 여럿이 할 때 차별화에 성공할 확률이 높다. 따라서 여러 사람이 자유롭게 아이디어를 쏟아내는 브레인스토밍이 효과적이다. 이때 집중해야 할 점은 핵심 메시지를 만들어 낼 수 있는 '특별한 경험'의 아이디어이다. 각 사람이 살아온 몇십 년 동안의 경험들과 공부했던 것들, 알고 있는 지식, 정보, 창의성들이 효과적으로 결합된다면 좋은 콘셉트가 탄생할 수 있다.

브레인스토밍은 다양한 사람들의 지식과 지혜를 응집할 수 있는 계기를 만들어 준다. 브레인스토밍의 과정 속에서 경험의 양이 많아지면 질적으로 변화해 차별화를 이룰 수 있는 가능성이 높아진다. 나도 교육을 기획하다 막히면 브레인스토밍으로 돌파구를 찾곤 했다. 덕분에 언제나 좋은 방향을 다시 잡을 수 있었다.

경험을 모아서

경험에서의 차별화 _ 새로운 사람 / 새로운 환경 / 현장경험 / 간접경험

개인적으로 교육을 만들어 낼 때 책을 많이 활용한다. 미팅이 현재의 사람이라면, 책은 과거의 사람이다. 미팅이 현장경험이라면 책은 간접경험이다. 그리고 미팅과 책은 브레인스토밍으로 한자리에 모을 수 있다.

교육에서는 보편성이 중요하다. 어떠한 지식과 개념을 부분적으로 이해시키는 것이 아니라 보편적으로 이해시켜 동의를 얻어야 한다. 이러한 관점에서 사람들의 경험이 많이 누적되고 논의될수록 많은 아이디어들을 얻어 낼 수 있다. 그래서 경험을 모아야 한다. 미팅이나 책은 경험을 모을 수 있는 좋은 수단이다.

전문가 초대하기

그 분야에 대한 전문가를 초대하여 미팅을 하는 경우가 있다. 만약 지식이 정리된 전문가라면 질의 응답식으로 미팅을 진행하는 것보다 일정 시간 강의를 듣고 난 뒤 질의 응답식으로 진행하는 것이 효과적이다. 교육을 만들어 낼 때 전문가의 개념이 전체가 될 수도 있고, 부분적으로 적용될 수도 있다. 혹은 아이디어에 도움이 될 수도 있다. 그 무엇이든 전문가는 교육 콘셉트를 잡을 때 본질적인 부분에서 검증할 수 있는 좋은 방법이다.

만약 현재 그 분야의 전문가로 구성되어 있다면, 새로운 분야의 사람들을 만나보는 것도 도움이 된다. 이질적인 요소, 특히 예술, 역사, 인문학 분야의 새로운 전문가들을 만나 보자. 얼핏 교육과 전혀 관련이 없어 보일 수도 있지만, 최소한 콘셉트에는 도움이 될 것이다. 의외로 특별히 차별화된 콘셉트가 나올 수도 있음을 기억하자.

새로운 환경에서 워크숍을

사무실을 떠나 자연이 있는 곳으로 워크숍을 가는 것을 권한다. 새로운 환경에서 여행하는 낯선 분위기를 활용하자. 기존의 환경을 벗어나서 회의를 하는 것. 무척이나 중요하다고 생각한다.

콘셉트란 사람의 마음속에 들어 있는 것을 표현해 내는 것이다. 그런데 자유롭게 이야기하자고 해도 자유로운 생각들이 나오지 않을 때가

기획자의 경험

많다. 이때 자유로운 느낌의 환경이 자유로운 생각으로 이끌어 주기도 한다. 그래서 때로는 사무실을 벗어날 필요가 있다.

나는 회사에서 콘셉트 회의를 할 때면 워크숍을 적극 활용한다. 산책의 시간도 가지면서 편하게 이런저런 이야기를 나누면 진정한 커뮤니케이션이 일어난다. 회의 중에 깊은 이야기를 주고받을 수 있다. 밖으로 나가는 워크숍이 절대 시간 낭비가 아님을 알려주고 싶다.

만약 좀 더 생산적으로 시간을 활용하고 싶다면 만들고자 하는 교육의 콘셉트와 관련된 곳을 방문하는 것을 추천한다. 관련 현장을 방문하면 더 많은 영감을 느낄 수 있다. 현장에서 각 사람들이 느낀 감정을 공유하면 좋은 아이디어가 나올 수 있다.

워크숍을 할 때 주의해야 할 점이 있다. 팀원들에게 동기부여를 해야 한다는 것이다. 강제적으로, 의욕 없이 떠나는 워크숍은 의미가 없다. 시간 낭비다. 워크숍을 통해 무엇을 할 것이고, 무엇을 얻을 수 있으며, 어떤 가치를 만들어 낼 것인지 공유하고 시작하는 것이 좋다. 그러한 요소들이 공유되면 워크숍은 더욱 알찬 시간이 된다. 모두가 집중하게 만들어 준다.

간접경험으로 얻는 콘셉트

미팅을 해도 좋은 아이디어가 나오지 않을 때가 자주 있다. 이때는 미팅을 위해 인풋을 주어야 한다. 책을 읽거나 기사를 읽으며 아이디어를 공유하는 것이다.

특히 책 속의 경험을 정리하고 토론하면 도움이 된다. 책의 도움을 받을 때는 한 권의 책보다는 수십 권의 책이 낫다. 많은 책들을 결합해 내는 과정에서 좋은 콘셉트가 만들어지는 경우가 있기 때문이다. 나는 보통 30권 이상의 책을 통해 하나의 교육 과정을 만들어 낸다. 책을 선정할 때는 먼저 같은 카테고리의 책들을 고른다. 이어서 다른 카테고리의 책들로 확장해 나간다. 꽤 효과적인 방법이다.

미팅 시에는 개인의 생각만 가지고 와서 나누는 것보다 책과 같은 자료들을 분담해서 검토한 다음 공유하는 것이 효과적이다. 더욱 생산적인 아이디어를 얻을 수 있다. 각자 사람의 생각은 가설일 뿐이다. 책과 기사 같은 정보들이 그 가설을 검증해 주며, 확대해 준다.

동영상을 함께 시청하는 것도 도움이 된다. 중요한 것은 간접경험을 하고 난 뒤 그것을 콘셉트로 적용하기 위한 아이디어, 즉 생각을 나누는 일이다. 이 나눔이 없다면 콘셉트도 없다는 것을 기억하자.

미팅을 시작하기 전에

미팅 때 중요한 것은 생각을 축적해 나가는 것이다. 많은 사람들이 미팅을 마치고 나면 얼마 못 가 잊어 버린다. 그런 일이 허다하다. 때문에 항상 미팅 시작 전에 이전 미팅의 내용에 대해 언급 및 확인을 하고 새로운 미팅을 시작하는 것이 효과적이다. 그렇지 않을 경우 이전의 아이디어로 돌아가는 경향이 있다.

이전의 아이디어로 돌아가면 많은 참석자들의 시간을 낭비할 뿐 아

기획자의 경험

니라 프로젝트의 시간도 지연시킨다. 미팅을 한 차례가 아닌 여러 차례로 계획을 잡았다면, 기획자는 미팅을 시작할 때 이전까지의 토론 내용을 재확인시켜 주고 미팅을 시작하는 것이 좋다. 무척 기본적이며 단순하지만, 중요한 진리이다. 그런데 막상 현장에서는 이러한 진리가 무시되는 경우가 적지 않다.

05

콘셉트 정리 도구

교육을 만들어 낼 때 많은 생각들이 떠오른다. 이때 머릿속의 생각과 자신이 가고자 하는 방향을 한눈에 볼 수 있도록 만들어 주는 것이 마인드맵이다. 마인드맵은 콘셉트를 정리하는 데 유용한 도구이다. 이미지적으로 사고를 확장할 수 있다는 것이 마인드맵의 장점이다.

또 하나 추천할 만한 콘셉트 정리 도구는 만다라트이다. 만다라트는 구조 속을 채워 나가면서 필요한 생각들을 정리할 수 있다는 장점이 있다. 마인드맵과 만다라트. 이 두 도구가 교육 콘셉트를 효과적으로 기획할 수 있게 도와줄 것이다.

콘셉트의 확장과 사고 확장의 도구 '마인드맵'

콘셉트의 응축과 확장

아이디어들이 모여 콘셉트가 만들어지고 나면 하나의 문장 혹은 하나의 단어로 응축되어진다. 그다음에는 이 응축된 개념을 하나의 방향성을 가지고 다시 새로운 아이디어로 확장해 나가는 과정이 필요하다. 콘셉트를 만드는 아이디어와 콘셉트에서 시작되는 아이디어는 새로운 창조를 만들어 낸다. 이 과정을 교육에 적용한다면, 교육의 콘셉트가 만들어지고 난 후 세부적인 개념의 확장으로 이어지는 것이다.

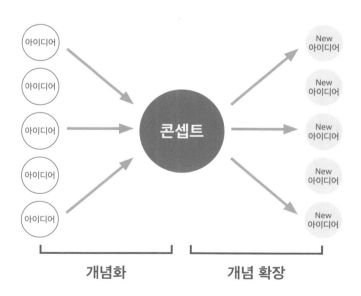

콘셉트를 확장할 때 좋은 도구 중 하나가 바로 마인드맵이다. 마인드맵은 토니부잔 형제를 통해 개발된 도구이다. 보편적으로 많이 쓰이는 마인드맵은 사고를 확장해 나가는 데 효과적이라는 것이 장점이다. 하나의 개념에 대해 거미줄처럼 머릿속에 엉켜 있는 것들을 정리해 나갈 때 그 진가를 발휘한다.

마인드맵이 개념 확장에 효과적인 이유는 인간이 사고하는 방식과 가장 유사하기 때문이다. 마인드맵을 창시한 토니부잔은 이를 방사 사고라고 칭했다. 방사란 중심체로부터 사방으로 뻗어 가거나 중심체 방향으로 움직이는 것을 의미하는데, 이 두뇌사고 기능은 인간의 타고난 고유 기능이다. 마인드맵은 방사 사고를 구현하는 외적 표현이다.

교육을 기획할 때는 자료 수집이 필수다. 나는 수집한 자료를 정리하기 위한 도구로 바인더와 컴퓨터 또는 노트를 사용한다. 그런데 이 도구들은 사고를 자유롭게 하는 데 한계가 있다. 또한 부분적으로 흩어져 있는 아이디어들을 한눈에 볼 수 있게 하는 데 어려움이 있다.

마인드맵은 이 어려움을 해소해주는 도구이다. 마인드맵은 아이디어를 색상과 이미지, 아이콘들로 표현해 시각은 물론 공감각적으로 볼 수 있게 해준다. 또한 전체적으로 떠오르는 아이디어들과 정보, 그리고 각 개인의 경험과 회의에서 나온 아이디어들을 종합해준다.

콘셉트의 정리 도구, 마인드맵

 마인드맵의 장점

- 동시에 수많은 요소를 보며 창의적인 연상 결합과 통합이 가능
- 머릿속에 떠오르는 많은 생각들을 가지런히 모아줌
- 전체를 보며 관찰하는 가운데 통찰력을 키워줌
- 연결과 확장을 해나가면서 새로운 생각의 가능성을 열어줌
- 틀에 벗어나 창의적 사고를 할 수 있게 도와줌
- 아이디어를 쉽게 떠올리게 만들어줌

교육 기획을 위해 마인드맵을 그릴 때는 먼저 중심원을 그리고 그 안에 교육의 콘셉트 혹은 개념을 넣으면 된다. 다음에는 가지를 그리면서 확장해 나가면 된다. 마인드맵은 그려 나가는 과정 속에서 재구조와 수정단계를 거쳐야 한다. 그래야만 완성된 이미지가 그려진다. 나는 교육을 개발하며 보통 마인드맵을 3~10장 그린다. 10장을 넘길 때도 있다.

때로는 기획을 하기 전, 컴퓨터를 켜기 전 마인드맵으로 작업할 것들이나 아이디어들을 마인드맵으로 그리고 시작하곤 한다. 이러한 과정은 본 작업의 효율을 더욱 높여 준다. 마인드맵은 논리적인 부분을 정리하는 데에도 효과적이지만, 콘셉트와 같이 어떠한 개념을 확장하는 데에도 유용하다. 내면의 영감적인 이미지의 모습을 언어 혹은 이미지로 표현할 때도 마인드맵을 활용하면 한결 수월하다.

마인드맵을 그리는 방법은 여러 가지가 있지만, 아래의 그림과 같이 따라 그리다 보면 금방 익숙해진다. 회의 때 마인드맵을 칠판에 그려나 가면서 함께 콘셉트를 확장해 나가는 것도 매우 좋은 방법이다. 다만 마인드맵은 사고확장의 도구이기에 마인드맵을 완성하려고 하기보다는 사고를 확장해 나가는 작업 그 자체에 포인트를 맞춰야 한다.

마인드맵 콘셉트 기획 1단계 - 마인드맵 준비 및 가이드

마인드맵을 그리는 데 필요한 준비물은 간단하다. 종이, 색이 들어간 연필, 형광펜만 있으면 된다. 또한 마인드맵에 많은 지식은 필요 없다. 기본적으로 지키면 효과적인 원리들만 기억하면 된다.

종이 _ 종이에 마인드맵을 그리려고 할 때 세로가 아닌 가로에서 시작한다. 인간은 세로형의 종이와 마주하면 무의식적으로 왼쪽 상단으로 시선이 가게 된다. 하지만 가로형의 종이와 마주하면 자연스럽게 시선이 가운데로 옮겨져 중심 이미지가 강조된다.

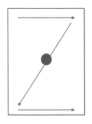 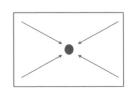

글씨 _ 글씨는 중심 이미지로부터 가지 이미지로 퍼져 갈수록 중요한 것들은 크게 써서 강조해 주는 것이 효과적이다. 주 가지의 글씨는 조금 더 크게 그려 중요성을 강조해 준다. 또한 가지의 길이와 단어의 길이는 동일하게 맞춰 주면 더 눈에 잘 들어온다.

키워드 중심 _ 가지에 넣을 내용은 문장 혹은 내용 대신 키워드 중심으로 기록한다. 문장으로 정리된 것을 볼 때 뇌에서 이해하기 위해 잠시 사고를 멈추어 생각하게 된다. 그렇기에 문장보다는 키워드가 더 빨리 기억되고, 더 쉽게 확장된다. 우리의 사고구조가 그러하다.

그림 _ 마인드맵의 큰 강점 중 하나는 메모와 이미지가 결합할 수 있다는 점이다. 단어를 이미지로 표현할 수 있는 것들은 상징적 이미지로 그려 주는 것도 효과적이다. 단어를 이미지로 확장해 나가면 새로운 창의적 생각들로 연결되기도 한다. 반대로 이미지를 단어로 확장해 나가는 방법도 괜찮다.

색깔 _ 마인드맵에서 색은 의미를 한 덩어리로 묶어 주는 효과가 있다. 색을 다양하게 쓰는 것도 좋지만, 한 가지와 그에 따르는 세부 가지는 색을 통일하는 것이 효과적이다. 주 가지와 세부 가지가 색이 동일하면 뇌에서는 같은 의미 덩어리로 이해한다.

마인드맵을 그려 나갈 때 주의할 점은 한 번에 완벽한 마인드맵을 그리겠다는 생각을 버리는 것이다. 이러한 생각은 사고를 확장하는 데 주저하게 만든다. 최소한 처음 그리는 장은 연습장이라고 생각하자. 그래서 자유롭게 그리고 빠르게 확장해 보자. 그리고 난 뒤 추가적으로 그려 나가며 키워드와 개념들을 정리해 나가는 것이 훨씬 효과적이다. 마인드맵은 자주 그려 볼수록 더 능숙하게 된다. 자주 그려 볼수록 이 '주의 사항'의 중요성을 알게 될 것이다.

마인드맵 콘셉트 기획 2 단계 - 주제 선정 및 주 가지 선정

마인드맵의 가운데에 콘셉트를 넣고 개념들을 확장해 나간다. 마인드맵을 그려 나가면서 한 장에 한 주제를 다루는 것이 중요하다. 하지만 교육 기획에서는 교육의 성격상 전개 방식이 다를 수 있기에 선정한 주

기획자의 경험

제 이외에 다른 주제로 확장해 나갈 수 있다.

주제를 정할 때 혹은 제목을 정할 때 떠오르는 이미지의 상징적 단어를 도출해 내고 시작해 보자. 만약 콘셉트가 정해졌다면 콘셉트를 표현해 주는 상징이 무엇일지 이미지로 그려서 시작해 보자.

보통 교육을 기획할 때 주 가지의 내용은 [세부 주제 / 세부 모듈명 / 세부 파트명 등] 으로 잡고 시작된다. 교육을 기획할 경우 세부 가지는 다음과 같은 구성으로 처음 한 장을 그려 보기를 권한다.

 가지를 구성할 때의 흐름

❶ 교육 모듈에 따라 가지 구성 예) 모듈 1 / 모듈2 / 모듈 3 / 모듈 4

❷ 스토리의 흐름에 따라 작업 예) 오프닝 / 본론 1 / 본론 2 / 본론 3 / 결론

❸ 아이디어의 단어들로 한다. 이때 소주제들이 될 수 있다. 예) 꿈, 비전, 목표…

❹ 마인드맵의 어떠한 가지의 주제가 많이 확장될 때

   → 그 가지에 대한 전체 마인드맵을 따로 그려 본다.

가지를 그려나가면 서로 연결되는 단어들이 나오기 마련이다. 이때 한 단어의 키워드로 정리하고, 키워드 중심으로 확장해 나간다. 또한 주 가지를 그릴 때는 조금 단어를 크게 쓰는 것, 가지를 굵게 그려 주는 것이 효과적이다.

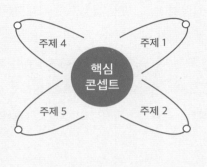

콘셉트 마인드맵

주제 4 · 핵심 콘셉트 · 주제 1

주제 5 · 주제 2

마인드맵 콘셉트 기획 3단계 - 세부 가지

　마인드맵을 그릴 때 곤란한 상황이 생길 수 있다. 세부 가지에 대해 잘못 그리거나 순서가 맞지 않는 경우이다. 그러나 주저할 것 없다. 마인드맵은 딱 한 장으로 끝내는 게 아니라 여러 장을 그리는 것이기에 자유롭게 그리면 된다.

　세부 가지를 그려 나가는 사고의 원리는 주어진 단어 혹은 콘셉트에 대한 연상들을 만들어 내는 것이다.

　우리의 기억도 무언가를 연상시키며 확장시켜 준다. 가령 '행복'에 대해 기억해 보자. 기억은 다음과 같이 연상과 확장을 한다.

행복 ⇨ 여행 ⇨ 발리 ⇨ 서핑

행복, 여행, 발리, 서핑……. 이것들은 키워드다. 우리는 내면에 있는 것들을 이와 같이 키워드를 통해 끄집어낸다.

세부 가지를 확장해 나갈 때 둘 중 하나의 상황에 봉착하게 된다. 생각이 멈추든가 생각이 폭발하든가. 생각이 폭발하는 경우의 문제는 종이에 그 생각들이 다 정리가 되지 않는다는 것이다. 그런 경우 다음 장에 세부 가지의 내용을 따로 정리하는 마인드맵으로 확장하면 된다. 이런 경우는 행복한 고민이다.

문제는 생각이 멈추어 마인드맵이 그려지지 않는 경우이다. 해당 분야에 대한 Input이 부족할 때 이런 상황을 맞이할 가능성이 높다. 이때는 경험을 만들어 주는 것이 필요하다. 회의를 하거나, 관련 자료를 서칭하거나, 기존 교육을 검토해 보면서 경험의 양을 충족시켜야 한다.

개인의 경우 가장 좋은 것은 책을 통한 input이다. 관련 교육에 관련된 책을 최소 5~30권 정도 모아 책의 앞뒤 표지 혹은 목차들을 보며 떠오르는 생각들을 정리해 보자. 물론 시간이 된다면 책을 읽는 것이 더 좋다. 책을 통해 지식을 더 깊이 있게 본다면 더 많은 내용들이 나올 것이다. 이러한 과정이 생각에 자극을 주어 새로운 생각으로 연결해 준다.

세부 가지를 만드는 일은 머릿속에 있는 것들을 찾아 떠나는 여행과도 같다. 여행에서 자신의 이전 경험을 통해 지식을 통합하고 조합시켜 새로운 경험을 만들어 내는 것이다. 마인드맵의 과정에서 엉뚱한 것이라도, 사소한 것이라도, 우스운 것이라도 떠오른다면 세부 가지로 연결해 보자. 새로운 것을 만들어 내는 자극제가 될 수 있을 것이다.

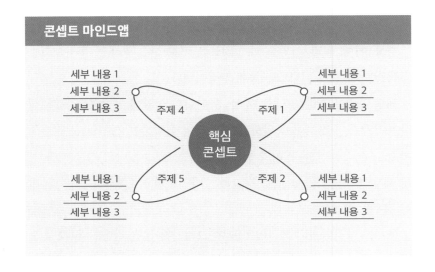

콘셉트의 스토리텔링

마인드맵을 만들어 나가면서 체크해야 할 점은 스토리텔링이다. 마인드맵이 그려진 후에는 마인드맵을 바라보며 머릿속에서 키워드 중심으로 상상을 해보자. 자신의 콘셉트가 일정한 방향으로 얼라이먼트되어 가고 있는지 확인해 보는 것이다. 이때 마인드맵의 내용들이 하나의 이야기로 술술 풀어지는 느낌이 든다면 마인드맵 만들기에 성공한 것이다. 잘 그려진 마인드맵을 보면 콘셉트에 대한 이미지가 그려진다. 즉 교육이 이루어지는 과정이 그려지는 것이며, 자신이 해야 할 교육이 어떤 것인지가 보이게 된다.

　만약 마인드맵을 그리지 않고 그냥 머릿속으로 생각만 했다면 그 생각들은 서로 연결되지 못하고 확장되지도 못할 것이다. 허공에 흩뿌려질지도 모른다. 하지만 마인드맵으로 그린 후 교육을 이미지로 생각한다면 교육의 느낌이 떠오른다. 그것이 마인드맵의 힘이다.

　마인드맵은 스토리텔링의 효과적인 도구이다. 스토리가 단번에 완성되기는 사실 어렵다. 따라서 마인드맵을 반복해서 그릴 필요가 있다. 반복하면서 끊어지거나 어색한 스토리를 매끄러운 스토리로 완성시켜 나갈 수 있다.

생각 정리와 구조 정리의 도구 '만다라트'

만다라트는 일본의 디자이너 이마이즈미 히로아키가 1987년 불교의 만다라에서 아이디어를 얻어 만들었다고 한다. '목표를 달성한다'는 뜻의 Manda +la와 Art예술를 결합한 단어이다. 만다라는 목표를 달성할 때 쓰는 도구이다.

만다라트가 널리 알려지게 된 계기는 일본 야구계의 괴물 투수 오타니 쇼헤이를 통해서이다. 그는 고등학교 1학년 때 자신의 목표를 만다라트로 만들고 구체적인 목표 8개를 설정했다. 그리고 그것을 세분화해서 행동계획으로 만들어 이를 실천했다. 그 결과 2017년 메이저 리그로 진출했을 뿐 아니라 2018년에는 아메리칸 리그 신인상을 수상했다.

한국에도 만다라트가 점점 알려지고 있다. 목표관리뿐만 아니라 생각을 정리하고 기획을 할 때, 자료를 정리할 때 유용하게 쓰이고 있다. 만다라트의 장점은 어떠한 주제이든지 작은 단위로 쪼개어 볼 수 있다는 점이다. 특히 교육에서 만다라트를 쓰면 세부 주제에 대해서 잘게 쪼개서 생각할 수 있어서 좋다. 쪼개서 생각하면 교육의 구조를 균형 있게 잡는 데 효과적이다.

교육 콘셉트 작업을 할 때 만다라트를 마인드맵과 함께 사용하면 더욱 효과를 볼 수 있다. 물론 둘 중 하나만 선택해도 무리가 없다. 비교해서 본인에게 더 알맞은 도구를 써도 괜찮다.

만다라트 콘셉트 기획 1단계 - 만다라트 준비 및 가이드

가로 9칸, 세로 9칸, 총 81개의 칸으로 구성되어 있다. 그리고 3×3=9, 즉 9개의 칸을 한 덩어리로 묶는데, 이렇게 하면 만다라트 안에서 새롭게 큰 네모 9개가 생긴다. 만다라트 만들기는 가운데에 핵심 콘셉트(핵심메시지)를 적는 것으로 시작된다. 핵심 콘셉트는 교육의 제목으로 적는다.

마인드맵과 같은 확장의 구조이지만, 칸으로 구성되어 있기에 한결 더 논리적으로 연결되어 확장된다.

콘셉트 만다라트

만다라트 콘셉트 기획 2단계

 핵심 콘셉트를 기록한 후, 그 칸을 둘러싸고 있는 8개의 칸에 주제를 기록한다. 교육의 경우 모듈명 / 주제별 / 교육에서 다뤄야 하는 것들을 함께 기록한다. 칸을 채우고 싶은 심리로 인해 빈칸이 보이면 부담을 느낄 수도 있으나 그럴 필요는 없다. 빈칸이 있을 경우 빈칸을 둔 채 작업을 한다. 그리고 다시 돌아와 작업을 하면 된다.

콘셉트 만다라트

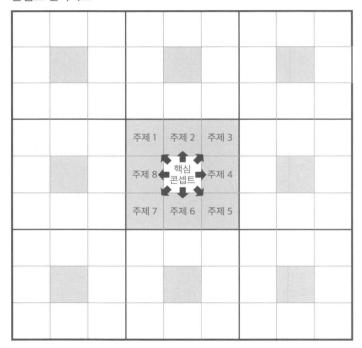

기획자의 경험

마인드맵 콘셉트 기획 3단계

주제를 기록한 후에는 각 주제를 둘러싸고 있는 큰 네모의 가운데에 배치시킨다. 그리고 그와 관련된 세부 내용들을 채우기 시작한다. 생각나는 대로 자유롭게 채운다. 앞서 말했듯 비워져 있는 것들에 대해서는 부담 없이 넘어가도 괜찮다. 칸들을 넘나들면서 자유롭게 생각나는 대로 작업하면 된다.

콘셉트 만다라트

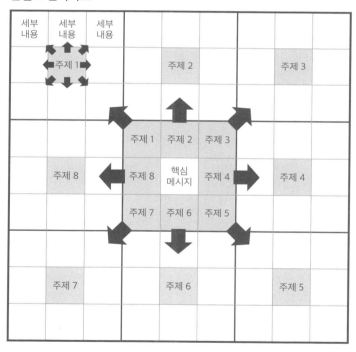

만다르타 작업을 마친 후 각 주제에 대해서 마인드맵으로 작업을 해 봐도 좋다.

만다라트 작업을 마쳤다면 각 주제에 대해 모듈화 작업에 들어가서 정리해 준다. 제3장에서 모듈화에 대한 내용이 이어진다.

기획자의 경험

"콘셉트는 사람의 마음속에 있다"

교육 콘셉트는 어디에서 시작되는 것일까? 그것이 만들어지는 본질적인 근원 단서가 되는 것이 있지 않을까? 나는 이것을 교육의 철학을 스스로 세우며 만들어진다는 것을 경험했다.

교육의 철학이라고 하면 어렵게 느껴지지만 단순하다. 교육을 만드는 것은 생각이다. 생각의 방향을 만들어 주는 것은 철학이자 세계관이다. 교육에서 교육철학이 중요한 이유는 바로 교육을 만들어내는 생각에 영향을 주기 때문이다.

교육을 만들 때 그 생각의 시작을 어디에서 시작해야 할지 힌트를 준 것은 독서포럼나비였다. 이제까지 거의 10년을 그곳에서 교육 프로그램과 행사 프로그램을 기획하며 교육을 만드는 관점들을 정립했다.

그 중에서도 가장 중요한 관점은 피터 드러커의 《비영리단체의 경영》이라는 책을 통해서였다. 초창기 맴버로 독서포럼을 기획하며 어떻게 교육과 행사를 기획해야 할지 고민했다. 피터 드러커는 책 속에서 비영리단체의 목적은 '한사람의 변화'라고 정의내렸다.

그 뒤 모든 것의 기준에 대한 단서를 잡을 수 있었다. 독서포럼의 목적은 이곳에 오는 이들이 모임이 마친 후 삶의 변화가 있어야 한다는 것이다. 작은 감정일지라도 말이다.

처음부터 마지막까지 머릿속에 그리며 사람들의 하나하나 감정을 읽으며 변화에 필요한 요소들을 편집해 나간다. 이러는 과정에서 그들의 마음속에 들어갈 기획의 콘셉트가 잡히기 시작한다. 콘셉트란 전문가나 유명한 사람들의 지식을 통해 배워지는 것보다 기획하는 사람이 교육을 받는 사람을 얼마나 생각하며 그들의 마음속에 들어갈 수 있을까, 고민하는 과정에서 더 많은 영감을 얻게 된다. 그러한 콘셉트가 사람들의 마음속에 인상 깊게 남게 된다. 콘셉트는 상대를 향한 마음에서 답이 있다.

✎ ———— 매주 토요일 새벽 6시 40분 시작되는 독서포럼나비는 항상 밝고 열정적이다. 이렇게 10년을 유지해왔다. 독서모임은 누가 주도하여 운영하기보다 회원들의 토론으로 운영된다. 또한 어떠한 매뉴얼 없이도 사람들이 이곳에 오면 토론이 된다. 이것은 토론 문화가 구축되어 있기 때문이다. 여기서는 호칭이 모두 선배님이며 서로에게 배운다.

기획자의 경험

✎ _____

독서포럼나비 도서선정 위원회

매년 상반기 하반기 도서를 선정하는 미팅을 가진다. 자신의 책들을 30권~50권 이상 가지고 와서 책을 토론하며 선정한다. 좋은 책만 선정되는 것이 아니다. 회원들의 수준에 맞는 책과 필요한 책들이어야 한다. 너무 두껍거나 어려운 책이라면 좋은 책이라도 회원들을 위해 내려놓는다.

📝 _____ 독서포럼나비의 디렉터로 가장 큰 경험은 단무지 독서 MT기획이다. 기존의 50명~100명 단위로 하던 모임을 750명 규모로 진행한 것이다. 처음의 무척 힘든 시간이었다. 하지만 그 시간을 통해 많이 성장했다. 1,000명 단위를 기획하는 것은 어디에서 시작해야 할지 막막했지만, 큰 행사도 마찬가지이다. 이 행사에 오는 한 사람 한 사람이 무엇을 변화해야 하는 것일까? 모든 기획은 여기에서 시작된다. 또한 기획 속에서 길을 잃거나 막힐 때 '한사람의 변화'로 돌아와서 다시 시작한다. 2017년부터 부모님을 함께 초대했다.

기획자의 경험

chapter 3

콘텐츠의 전략은
모듈로 설계된다

● ● ●

엄격한 틀 안에서 작품을 쓸 때
상상력이 최고로 발휘되며 아이디어도 넘친다.
자유가 지나치면 작품은 응집력을 잃고 만다.

T.S 엘리엇

01

콘텐츠 전략 도구

교육 기획을 하다 난감할 때가 있다. 분명 회의에서 모든 콘셉트가 나오고 방향도 정해졌는데, 막상 PPT 작업에서 흐름이 끊어지는 순간이 바로 그러하다. 체계가 부실했던 것이 원인이다.

마인드맵 그리고 만다라는 생각하고 있는 것들을 시각적으로, 언어적으로 표현한 것이다. 그러나 그것만으로는 교육을 체계적으로 만들어 내는 데 한계가 있다.

교육 모듈이 필요하다. 이것은 복잡해 보이고 무엇인가 반복되는 작업을 하는 것처럼 보이지만, 익숙해지면 유용하게 쓰일 수 있다.

교육 모듈이 필요한 이유는 여러 가지가 있지만 주요한 이유는 다음과 같다.

❶ 교육의 시간 측정

교육의 분량은 무엇으로 정해지는 것일까? 교육의 길이는 교육 시간에 맞춰 정해진다. 그렇기에 교육을 만들어 낼 때 시간을 염두에 두어야 한다. 교육의 한정된 시간 안에 이루어지기 때문이다. 따라서 교육의 목적은 한정된 시간 안에 전달되어야 한다. 교육 모듈에서는 이러한 시간을 기준으로 교육의 흐름을 체크해 볼 수 있다. 체크 후 조정하며 시간의 활용을 효과적으로 할 수 있는 장점이 있다.

❷ 교육 전략 구현

교육에서도 효과적으로 진행하기 위한 전략이 필요하다. 전략을 구현하기 위해서는 교육을 쪼개야 한다. 이 쪼개지는 단위가 모듈이다. 모듈이 생기면 부분적으로 전략을 구현할 수 있다. 전체적으로 막연하게 '교육을 잘해야지.' 하고 생각하는 일은 사라진다. 오프닝 / 이론 부분 / 워크숍 부분 / 클로징 부분 등 각각의 세부 전략을 구현함으로써 전체의 교육이 더 탄탄해질 수 있다. 교육을 마친 후에도 모듈을 중심으로 다시 교육의 방향을 재조정 할 수 있다.

❸ PPT 작업

보통 PPT 작업을 하는 사람들은 아이디어가 생각나면 바로 PPT 작업에 들어간다. 이러한 경우 아이디어가 완전히 정리가 될 때까지 PPT 작업은 지연된다. 혹은 아이디어 간에 흐름이 맞지 않는 경우도 있다.

기획자의 경험

B 아이디어 ➡ **교육 콘셉트**
예) 마인드맵 ➡ **PPT 작업** ➡ **교육**

그리고 교육에 대해 개발하는 원리나 방법을 아는 사람들은 콘셉트를 마인드맵이나 자신만의 TOOL을 가지고 작업을 하기도 한다. 그런데 이상하게도 PPT 작업에서 연결되지 않는 부분이 생긴다. 어색하거나 혹은 흐름이 맞지 않는 부분이 있다. 특히 마인드맵으로 작업을 할 경우 사고의 확장이 장점이기도 하지만, 그것으로 인해 어느 파트는 양이 많아지고 어느 부분은 양이 적어지기도 한다. 즉 전체적인 콘텐츠의 균형이 맞지 않는 일이 생기는 것이다. 교육 모듈 작업을 하면 이러한 일이 생기는 것을 방지할 수 있다.

C 아이디어 ➡ **교육 콘셉트**
예) 마인드맵 ➡ **교육 모듈** ➡ **PPT 작업** ➡ **교육**

교육 콘셉트에서 모듈 작업을 넣으면 PPT 작업으로 빠르게 들어갈 수 있다. 나는 교육 기획을 하던 초기 시절, 시간이 없다는 이유로 교육 방향이 정해지고 나면 바로 PPT 작업에 들어갔다. 그러다가 방향을 잃고 자주 헤매던 시간들이 있었다. 모듈 작업을 하면 처음에는 시간이 많이 걸리는 듯하지만, 전체적으로 보면 오히려 시간이 줄어든다는 것을 경험하게 될 것이다. 또한 모듈 작업에는 교육의 현장까지 고려해서 PPT 작업을 할 수 있다는 장점도 있다.

❹ 팀워크 작업

팀 단위로 교육을 기획할 때도 화이트보드나 마인드맵을 많이 활용하는데, 누군가 자신의 아이디어라며 마인드맵을 줄 때 난감하기도 했다. 마인드맵의 형식은 보편적이지만, 그 안의 내용은 개인적인 사고의 흐름이기에 어떤 사람의 마인드맵은 좀처럼 이해하기가 어렵기도 하다. 그때는 정말 난감해진다.

팀워크 작업에서도 모듈 작업은 여지없이 힘을 발휘한다. 팀원들이 함께 모듈을 보며 세부적으로 점검해 나갈 때 교육이 더 탄탄히 구성되는 것을 경험했다.

❺ 교육 R&D

교육은 지속적으로 트렌드에 맞추어 R&D를 해 주어야 한다. 보통 강사들이나 교육을 하는 사람들에게는 한 번 만든 PPT를 평생 활용하는 것으로 생각하는 경향이 있다. 본인도 모르는 사이 교육도 트렌드를 탄다는 것을 모르는 사람들이 특히 그러하다. 보통 3~5년이 지나면 교육의 형태, 내용, 혹은 사례들을 교체해 줄 필요가 있다. PPT의 디자인도 수정해 줄 필요가 있다.

이와 같이 교육을 업그레이드할 때 중요한 것은 교육 모듈이다. 이것이 있는 것과 없는 것은 큰 차이다. 교육 모듈은 구조를 보여 주는 도구이기에 시간이 지난 후에도 무엇을 바꿔야 하고 무엇을 남겨야 할지 잘 알려 준다.

기획자의 경험

교육 설계를 위한 관점

교육을 설계한다는 개념을 쉽게 설명하면, 교육의 방식을 선택하는 것이다. 마치 부산에서 서울로 갈 때 가장 효과적인 방법을 선택하는 것과도 마찬가지이다. 교육의 시작에서 교육을 마친 후까지 무엇이 변화되어야 하고 어떤 메시지가 심어져야 하는지, 그것을 선택하는 과정과도 같다.

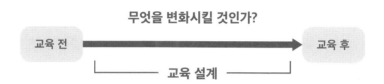

교육을 설계하는 것은 교육의 요소들 즉 교육의 모듈들을 편집해서 최상의 조합을 만들어 내는 것이다. 교육 기획은 마치 요리와도 비슷한데, 이러한 조합을 통해 아주 특별한 맛을 내는 교육이 되기도 한다. 요리사의 선택에 따라 교육이 변화하는 것이다.

나는 직업상 많은 강사들을 만나는데, 그들이 강의를 만들며 교육 설계를 활용하는 모습을 많이 보지 못했다. 교육학을 배운 사람마저 교육의 복잡한 이론에 갇혀 실전 교육에 의미 있게 활용하지 못하는 것을 보았다. 교육 설계라는 것이 언뜻 어렵게 느껴질 수도 있지만, 사실 그 활용은 매우 간단하다.

교육 설계라는 것은 여러 교육학자들의 '교육이 효과적으로 이루어지는 방법'을 구조화시켜 놓은 것이다. 예를 들면, "교육 시작 전에는 이렇게 시작하면 주의 집중합니다.", "교육에 여러 가지 도구를 활용하세요.", "마무리는 이런 식으로 하시면 학습자의 기억에 오래 남습니다." 등과 같은, 교육학자들의 여러 이론과 경험을 활용하여 교육으로 만든 것이다. 한마디로 교육 설계는 교육을 효과적인 시스템으로 구조화하는 일이다. 마인드맵이 수공업이라면, 교육 설계는 설비를 갖춘 기계공업에 비유할 수 있다.

교육 설계는 기획자가 체계적인 교육을 만드는 일이다. 이러한 작업이 사실 쉽지는 않다. 매번 교육을 함께 만들며 팀과 혹은 지인들에게 방법을 알려줘도 어려워한다. 그래도 시도하기를 바란다. 교육 설계는 교육을 만드는 과정에서 고속도로를 까는 것이나 다름없다. 한번 익숙해지고 나면 교육을 만들 때 아주 효과적인 자신만의 무기가 되어줄 것이다. 많은 시간을 절약해 줄 뿐만 아니라 교육을 자유롭고 체계적으로 만들어 낼 수 있는 능력도 부여할 것이다.

02

모듈의 구성 이해와 활용법

교육 설계를 위한 모듈의 이해

교육에서 모듈이란 교육의 작은 단위Unit 들이다. 교육에서 전략을 구현하기 위해서 큰 덩어리를 쪼개어 구성해 보는 것이다. 한 모듈은 하나의 메시지를 전달할 수 있으면서도 전체적으로 다른 모듈과 호환이 가능하다. 또한 그 모듈 하나 자체만으로도 확장이 가능하다.

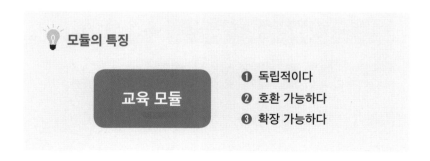

💡 **모듈의 특징**

교육 모듈

❶ 독립적이다
❷ 호환 가능하다
❸ 확장 가능하다

예를 들어 [커리어 설계]라는 교육이 있다고 하자. 이때 모듈의 구성은 [자기 발견/목표 설정/취업 준비/취업 전략]이 될 수 있다. 여기에서 한 모듈인 [자기 발견]은 독립적으로 목적을 가질 수 있고, 다른 모듈과 연결하여 활용도 가능하고, 그 자체만으로도 하나의 교육으로 확장될 수 있는 것이다.

모듈에서 한 가지 혼동이 올 수 있는 점이 있다. 모듈이 '강의'인지 '파트'인지에 대한 범위의 문제이다. 나의 경험에 비추어 보았을 때 모듈은 하나의 강의가 되기도 하며, 하나의 파트가 되기도 한다. 이것에 대한 구분을 하는 것보다는 모듈의 특징에 따라 강의든 파트든 그 활용도에 중점을 두는 것이 더 낫다.

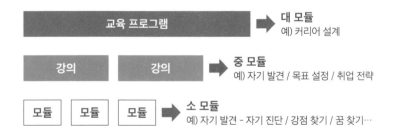

이러한 모듈의 구조적 개념을 이해하기 위해서는 대학의 강의 과정 혹은 교육 회사의 정규 커리큘럼을 참고하면 쉽게 이해할 수 있다. 또한 책의 제목과 목차를 통해서도 이러한 구조를 배울 수 있다. 구조가 중요한 이유는 큰 그림에서 교육을 기획할 수 있기 때문이다.

모듈의 개념을 일고 교육을 기획하는 것과 그렇지 않은 것에는 큰 차이가 있다. 장기적인 방향에서 모듈은 교육을 확장하고 강의의 구성을 효과적으로 만드는 데 도움이 된다. 특히 시간과 기간에 맞추어 교육을 설계할 때 효과적이다.

무엇보다 가장 큰 유익은 모듈을 통해 콘텐츠를 확장할 수 있는 방향을 볼 수 있다는 점이다. 실제로 많은 강사들이 어려워하는 부분이 자신의 콘텐츠를 확장해 나가는 것이다. 하나의 강의안은 쉽게, 또 잘 만들지만, 그것을 수준별로 다양하게 확장해서 하나의 큰 프로그램으로 만드는 것을 어려워한다.

프로그램을 개발하는 것은 전체적인 큰 그림에서 구조를 갖추고서 세부 강의들을 설계하는 것이기에 모듈을 통해 교육 설계를 하지 않으면 전체적인 연결이 쉽지 않다. 이러한 관점에서 모듈을 통한 교육 설계는 많은 유익이 있다.

교육 설계를 위한 개념의 이해

교육 설계를 할 때 잊지 말아야 할 것은 관점이다. 교육을 어떻게 구성하고 구조화할 것인가의 결정 기준은 교육생의 관점에서 이루어져야 한다. 그래야만 효과를 볼 수 있다. 교육의 궁극적인 목적이 '사람의 변화'이므로 교육 설계의 목적도 변화의 과정에 맞추는 것이 중요하다.

변화에 초점을 맞추는 것

1장에서 다룬 교육철학은 교육 설계에 이어져야 한다. 또한 교육 콘셉트는 교육 설계에서 연결되어야 하는 것을 잊지 말아야 한다. 본질적으로 교육은 사람의 변화이다. 어떠한 지식을 전달하든지 교육생의 입장에서 생각하고, 교육생이 어떻게 변화되어야 하는가에 따라 교육을 설계해야 한다. 그러는 과정 속에서 다양하면서도 자유로운 교육 설계 패턴을 만들어 낼 수 있다. 교육 설계는 공학적인 개념이다. 따라서 인간적인 요소가 없어 보이지만 본질적인 의미에서는 인간적이다. 사람의 변화를 위한 것이기 때문이다. 이를 잊지 말고 접근하는 것이 중요하다.

인지구조의 변화

교육에서는 교육생이 스스로 생각할 수 있는 계기를 만들어 주는 것이 필요하다. 지식의 확장은 스스로 생각하며 고민하는 과정에서 더 잘 이루어진다. 진정한 학습 과정이다.

교육은 교육을 듣는 참가자에게 특별한 동기를 제공할 수 있어야 한다. 교육의 성패는 교육생이 교육의 내용에 흥미를 느끼고 계속 공부하기 원하는 정도에 따라 결정된다.

교육학에 메타인지라는 것이 있다. 쉽게 말해 스스로 목적을 위해 무엇인가 인지하는 것이다. 예를 들어, 한 학생이 역사 수업에 들어온다고 가정하자. 그 학생은 '오늘 세종대왕 이야기를 잘 들어야겠어.' 하며 스

기획자의 경험

스로 목적을 세운다. 그리고 수업 중 '세종의 업적인 한글 창제에 관해 메모해야겠어.' 하며 중요성을 인지한다. 이렇게 스스로 하는 행동이 메타인지이다. 메타인지의 과정만으로도 학습 효과는 더 커진다.

교육 설계를 할 때 학습자가 스스로 생각할 수 있게 만들어 주는 과정이 매우 중요하다. 그렇기에 교육 설계 시 모듈을 구성해 나가면서 어떤 방식과 내용이 교육생에게 생각거리를 만들어 주는지 고민해야 한다. 교육은 내면을 다루는 작업이다. 내면의 생각들이 정리될 수 있도록 인식의 길을 만들어 주는 것도 교육 설계의 한 목적이다.

스토리텔링

교육 모듈을 설계할 때 각 부분은 그 자체만으로도 구성력이 있어야 한다. 이것은 하나의 완성된 스토리를 만들어 내는 것과도 같다. 미래학자 다니엘 핑크는 미래의 핵심 역량 중 하나가 '스토리'라고 했다. 사람은 본능적으로 스토리에 빨려들어간다. 교육 영상은 지루한데 영화는 시간이 금방 지나가는 이유는 스토리의 차이이다.

교육에서도 얼마든지 스토리를 극적으로 만들어 낼 수 있어야 한다. 성인 교육에서도 예외가 아니다. 성인을 대상으로 하면 유치하지 않고 품위 있어야 한다고 생각하는데, 그러한 고정관념이 교육을 딱딱하고 지루하게 만든다. 스토리가 없는 교육에서는 영감적인 요소를 기대하기 어렵다.

Time Keeper시간 관리자

교육의 양과 전략을 세우는 데 중요한 관점 중의 하나는 바로 한정된 시간에 대한 활용이다. 2시간이 주어졌다면 그 시간 안에서 교육의 오프닝과 클로징을 정하고, 세부 내용도 구성해야 된다. 이때 전체의 시간을 쪼개어 어떻게 시간을 활용할지 생각하면 교육을 구성하기가 수월해진다. 특히 온라인으로 교육 콘텐츠를 만들어 내는 경우 시간에 대해 더욱 주의를 기울여야 한다. 교육 모듈을 구성할 때도 시간을 쪼개는 것이 효과적이다.

편집자

교육 기획자는 편집자가 되어야 한다. 편집의 요소는 자신의 경험, 지식, 정보, 책, 워크숍, 실습, 과제, 영상, 사운드, 칼라, 도구 등 여러 가지다. 이들을 교육의 목적에 맞게 다양한 패턴으로 구현해 낼 수 있는 사람이 편집자이다. 편집의 경험은 자신만의 스타일을 찾는 데 도움을 준다. 또한 보편적인 교육을 만들어 내는 역량도 키워준다.

편집의 과정에서 가장 방해가 되는 것은 바로 선입견과 편견이다. 특히 교육의 방식 선택에 있어서 자신이 경험한 것 이상을 시도하지 못하는 경우가 많다. 이러한 상황에서 벗어날 수 있는 방법은 '교육은 삶'이라는 생각이다. 교육이란 삶 속에서 나타나야 하는 것이기에 삶에 교육이 어떻게 작동하는지를 고찰하는 것이다. 또한 삶에서 기대하는 의미 있는 것들을 떠올리며 그것을 모델로 삼아 접근해 보는 것이다.

우리에게는 학교에서 배운 교육도 있지만, 사회와 문화 속에서 자연스럽게 배운 교육들도 있다. 이것들도 구현시켜 보면 선입견과 편견에서 벗어날 수 있다. 텍스트적인 것을 넘어 습득 과정의 특성에 대해 고민하며 접근할 때 다양한 교육법을 발견할 수 있다.

기획자의 경험

보이지 않는 길에서 길을 잃지 않기 위하여

교육 설계란 사람의 인지 과정을 설계하는 것이다. 인지 과정은 눈에 보이지 않는 것이다. 그렇기에 교육 기획자에게는 보이지 않는 부분에 집중해서 구현해 내는 것이 중요하다.

교육 설계를 하며 길을 잃지 않는 방법은 교육의 목적과 사람을 생각하는 것이다. 이 생각이 교육 설계를 하며 어려움에 빠졌을 때 길을 찾을 수 있게 만들어 줄 것이다.

03

교육 모듈 설계 도구

교육을 설계할 때 설계 도구를 활용하면 도움이 된다. 교육을 모듈로 설계할 때 모듈의 배치와 구성에 대해 실전에서 어려움을 겪을 수 있다. 교육원리 혹은 교육 설계를 배우지 않은 사람들이 흔히 겪는 어려움이다.

교육에서는 교육생에게 효과적인 학습이 이루어지고 있는지를 연구한다. 교육생들이 학습되는 방법, 이것을 구조화한 것이 교육 설계 모형이다.

쉽게 말해 교육 설계 모형은 '틀'이다. 교육자는 교육 경험을 쌓으면서 '시작은 A 방식이, 중간은 B 방식이, 마무리는 C 방식이 효과적이다'라는 틀을 만들 수 있다. 이 틀에 따라 교육자가 자신의 지식을 풀어 넣으면 교육이 구성되는 것이다. 이러한 설계 도구에 대한 학문이 교육공학이다. 교육공학은 교육이 효과적으로 진행될 수 있는 형태와 방식에 대해 안내한다.

교육 설계 모형은 교육 프로그램의 성격에 따라, 목적에 따라 다르게 활용할 수 있다. 교육을 설계하면서 이런 틀을 활용하는 훈련은 매우 효과적이다. 중요한 것은 틀에 갇히는 것이 아니라 교육의 메시지를 효과적으로 전달하고 교육하기 위해 틀을 활용한다는 것이다. 교육 설계 모형은 하나의 도구일 뿐이지, 교육의 본질적인 부분은 아니라는 것을 기억하면 자유롭게 활용할 수 있다.

많은 교육 설계 모형이 있지만 보편적으로 적용될 수 있는 몇 가지를 소개하려 한다. 이것을 공부하려면 많은 시간이 걸리고 또 어렵기도 하다. 따라서 일반적으로 많이 쓰는 세 가지 교육 설계 모형을 다루고자 한다.

보통 교육이라면 실용적인 교육 혹은 동기부여 교육을 많이 다룬다. 이때 효과적으로 쓸 수 있는 도구가 WWH 모형과 ARCS 모형이다. 또한 어떠한 문제를 풀어나가는 방식으로 교육을 진행하는 것이 요즘 시대의 교육 트렌드인데, 이러한 문제 해결 교육 설계 시에는 모형의 기초가 되는 것이 PBL 모형이 쓰인다.

이 세 가지 모형을 사용하되 필요에 따라 더 깊게 공부하며 활용해 보기를 제안한다.

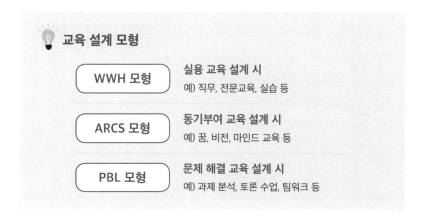

💡 **교육 설계 모형**

WWH 모형
실용 교육 설계 시
예) 직무, 전문교육, 실습 등

ARCS 모형
동기부여 교육 설계 시
예) 꿈, 비전, 마인드 교육 등

PBL 모형
문제 해결 교육 설계 시
예) 과제 분석, 토론 수업, 팀워크 등

실용교육 설계를 위한 WWH 모형

WWH 모형: Why - What - How 사고법

WWH 모형은 내가 3P자기경영연구소에서 교육을 기획하면서 대표
님께 소개받고 훈련받은 기획법이다. 대표님이 이전에 다니셨던 기업은
지식경영으로 유명한 회사였다. 이 회사에서는 각자 실무자들이 자신의
지식을 공유하기 위해 WWH 모형을 사용했다고 한다. 이 모형으로 지
식을 공유하고, 전파했다고 한다.

그 시절 대표님의 지식경영 바인더를 보면, 경영철학, 경영기법, 마케
팅, 전략, 교육 등 경영에 필요한 것들이 이 모형으로 한 장에 정리되어 있
었고, 개념화되어 있었다. 나는 그것을 중심으로 만든 교육 PPT를 보았다.
WWH 모형을 보면서 군더더기 없는 교육 전달법이라는 것을 깨달았다.
그리고 나 역시 교육을 풀어 나갈 때 이러한 모형을 활용하게 되었다. 이 교
육 설계 모형은 실무기술 혹은 전문지식을 전달할 때 활용하면 효과적이다.

Why	• 왜 이 교육을 들어야 하는가 • 왜 이러한 것이 필요한가?	• 교육 목적 / 교육 이유 / 동기부여
What	• 핵심 개념이 무엇인가? • 무엇을 전달하려는 것인가? • 무슨 사례가 있는가?	• 교육 개념 및 내용
How	• 어떻게 이것을 적용하는가? • 어떻게 실천하는가?	• 실전 활용 방법

기획자의 경험

WWH 모형은 세 가지로 구분되어 있다.

1) **Why** _ 교육의 목적과 왜 이 교육을 들어야 하는지를 제시하는 것이다. 해당 교육을 교육생에게 관련이 있도록 만들어 주며 동기부여를 하는 것이다.

2) **what** _ 개념적인 부분으로 교육의 내용을 전달하는 것인데, 각 개념은 3~5개 정도로 구성을 하는 것이 효과적이다. 각 핵심 개념들을 전달하는 것을 목적으로 한다.

3) **How** _ 실전 적용할 수 있도록 구체적으로 교육생들의 입장에서 풀어주는 것이다. 교육 가운데에는 교육 이론과 내용은 좋지만 실전에 적용하기가 어려운 것들이 있다. 이를 마지막에 어떻게 활용해야 하는지 전달하는 것이다.

WWH 모형으로 모듈화 연습하기

모듈로 적용을 하면 다음과 같이 구성된다. 모듈의 큰 덩어리를 만드는 훈련이기에 본인이 교육 콘셉트를 다음과 같이 모듈화시키는 작업을 해본다. 각 모듈 제목을 구성한 후 모듈 1~5까지 연습으로 3개씩 작성해서 넣어 보자. 작성을 한 후 전체를 보며 시간 구성을 확인해 보자. 시간을 보면서 부족한 모듈에 추가할 내용을 검토해 보자.

이전의 콘셉트 작업에서 많은 자료가 나왔다면 쉽게 구성될 수 있지만, 아직 내용이 충분하지 않다면 작성에 어려움이 있을 수 있다. 어떤 부분은 양이 많고 어떤 부분은 양이 부족할 수도 있다. 작업을 마친 후 교육 콘텐츠의 양적인 부분과 흐름에 대해 자연스러운지 확인해 보자

WWH 모형		모듈화		
		모듈명	세부 내용	시간
Why	교육 이유 교육 목적 동기부여	모듈 1	• • •	
What	핵심 개념 핵심 내용 핵심 원리 사례 및 스토리	모듈 2	• • •	
		모듈 3	• • •	
		모듈 4	• • •	
How	적용 방법 실천 방법	모듈 5	• • •	

Tip. WWH 모형에서 특징적인 것은 HOW이다. 교육의 Why 부분과 What을 연결하면서 어떻게 적용으로 이어갈지 토론 방법과 진행 방식을 고려해 본다.

기획자의 경험

동기부여와 스토리 중심의 ARCS 모형

ARCS 모형은 오프라인 교육보다 온라인 교육이 활성화되면서 나타난 교육모형이다. 오프라인에서는 교사의 역할이 분명하지만, 온라인에서는 교사의 역할이 약해진다. 대신 학습자의 동기가 학습에 큰 영향을 미친다. 즉 학습을 효과적으로 하기 위해서는 학습자의 참여도를 높여 적극적인 학습자로 만들어야 한다.

ARCS 모형은 학습의 동기를 유발시키고 유발된 동기를 계속 유지시키는 네 가지 구성 요건을 갖추고 있다. 네 가지 구성 요건이란, 주의 집중A:Attention, 관련성R:Relevance, 자신감C:Confidence, 만족감S:Satisfaction이다. 'ARCS'는 이 네 가지 구성 요건의 첫 글자를 딴 약칭이다. ARCS 모형은 이 요건들로 학습자의 동기의 특성을 통합적으로 설명한다.

아무리 좋은 교육이라 할지라도 학습자가 스스로 동기를 갖지 못한다면 그 교육은 효과적으로 전달될 수 없다. 현 시대의 교육자들은 이에 모두 동의할 것이라고 생각한다. 학습자의 동기를 끌어올려 지속시키는 것이 ARCS 모형의 목적이다.

주의 집중	호기심 / 감동 / 주위를 끄는 여러 가지 요소
관련성	교육 목적과 학습자의 욕구 연결 / 학습자의 경험
자신감	성공에 대한 기대와 확신 / 실행에 대한 그림
만족감	긍정적 확신 / 의미부여 / 보상 / 칭찬 / 평가 / 피드백

ARCS 모형에는 자기 효능감Self efficacy이라는 중요한 이론이 있다. 자기 효능감이란 자기 자신의 능력에 대한 감정이다. 내면의 자아개념이라고도 한다. 학습자가 학습을 하면서 내면에 어떠한 마음을 가지느냐에 따라 학습효과는 달라진다. 따라서 학습자의 자기 효능감이 높을 때 교육 효과도 높아진다. 학습자는 학습에 대해 성공하는 모습을 그리기도, 실패하는 모습을 그리기도 한다. 성공하는 그림은 학습에 몰입해서 성과를 낼 수 있도록 도와준다. 성공할 수 있다는 생각은 더 높은 과제에 도전하도록 스스로를 자극한다.

반면 실패하는 그림은 학습을 회피하게 만든다. 과제를 선택할 때도 소극적이며, 쉬운 과제만을 고르는 경향을 보인다. 따라서 교육자는 학습자가 성공하는 모습을 그릴 수 있도록 심리적으로 자극하며 그 의지를 지속시켜 주어야 한다.

ARCS 모형을 개발한 교육학자 켈러Keller는 컴퓨터를 매개로 한 수업설계 연구에서 'ARCS'를 교육에 적용하자 학습자의 동기 수준과 학습성과가 향상되는 것을 연구로 검증했다. 켈러의 ARCS 모형의 하위 요소는 다음과 같이 구성된다. 이 모형을 교육을 만들고 난 뒤 검토하는 체크리스트로도 활용해도 효과적이다.

ARCS 모형의 목적은 교육되었다는 성취감 즉 교육을 통해 배웠다는 자신감을 주는 것이다. 교육에서는 주의 집중을 끄는 것을 넘어 지속적으로 동기를 유지시켜 나가는 것이 중요하다. 학습자는 교육의 중간중간마다 자신의 관심사와 학습 내용이 어떻게 연결되었는지 알아야 한다. 이런 요소들은 매우 중요하다. 지식이라는 것은 아이들뿐 아니라 성인들에게도 자신과 관련이 없거나 동기가 없으면 기억 속에 남지 않는다.

구성 요소	하위 요소	동기유발을 위한 주요 질문
주의 집중 Attention	지각적 각성	흥미를 끌기 위해 무엇을 할 수 있는가?
	탐구적 각성	탐구하는 태도를 어떻게 유발할 수 있을까?
	변화성	주의 집중 유지를 위해 적절한 변화를 어떻게 줄 수 있을까?
관련성 Relevance	목적 지향성	학습자의 요구를 어떻게 최적으로 충족시켜 줄 수 있을까?
	모티브 일치	최적의 선택, 책임감, 영향을 언제 어떻게 제공할 수 있을까?
	친밀성	수업과 학습자의 경험을 어떻게 연결시킬까?
자신감 Confidence	학습 요건	성공에 대한 긍정적 기대감을 어떻게 키워줄 수 있을까?
	성공 기회	자신감을 향상시킬 수 있는 학습 경험을 어떻게 제공할까?
	개인적 통제	자신의 성공이 스스로의 노력과 능력에 의한 것이라고 느끼게 할 수 있을까?
만족감 Satisfaction	내재적 강화	학습한 지식 기능을 사용할 기회를 어떻게 제공할까?
	외재적 강화	학습자의 성공에 대해 외적 강화를 어떻게 제공할까?
	공정성	자신의 성취에 대해 어떻게 긍정적인 느낌을 가지도록 할까?

켈러Keller의 ARCS 모형

ARCS 모형으로 모듈화 연습하기

이 교육 모형은 온라인 교육에서 효과적으로 활용할 수 있다. 설계를 잘하면 처음부터 마지막까지 교육생들과 매우 재미있는 교육을 이루어 낼 수 있다. 집중효과도 극대화할 수 있으며, 특히 교육생들 스스로가 교육의 필요성을 느끼게 해준다. 교육생들은 스스로 동기부여를 해나가는 과정에서 흥미를 느낄 것이다.

　모듈명을 작성한 후 세부 내용을 추가한다. 세부 내용을 작성할 때는 켈러의 질문지를 보며 무엇이 들어가면 좋을지를 검토해 본다. 모든 것이 마무리되면 시간을 체크해서 모형이 시간에 맞게 구성되었는지 검토해 본다.

ARCS모형		모듈화		
		모듈명	세부 내용	시간
주의 집중 Attention	교육생의 주위를 끌기	모듈 1	• • •	
관련성 Relevance	교육생에게 관련성을 제공하기	모듈 2	• • •	
자신감 Confidence	자신감을 줄 수 있는 교육 내용	모듈 3	• • •	
	스스로 습득하도록 하는 방법	모듈 4	• • •	
만족감 Satisfaction	자신의 학습에 대해 성취한 느낌 제공	모듈 5	• • •	

Tip. 교육생의 관점에서 교육의 이론과 내용을 생각하며 각 모듈과 연결해 주는 것을 훈련하도록 하자. ARCS 모형은 하나의 스토리처럼 이어지는 것이 포인트이다. 스토리가 자연스러울수록 교육의 효과는 극대화된다.

기획자의 경험

문제 해결을 위한 PBL 모형

PBL 모형의 유래

우리에게 어떤 교수법이 맞는지 선정하는 여러 기준들 가운데 하나가 있다. 앞서 말했지만 장기적으로 볼 때 우리의 공부하는 방식은 미래의 일하는 방식이 된다. 따라서 미래에는 어떤 방식으로 일할지를 예측한 뒤 현재의 교육 방식이 알맞은지를 점검할 필요가 있다.

현대에 들어 교육생의 주도적인 학습방식을 강조하면서 PBL 교육 설계 모형을 다양한 방식으로 시도하고 있다. 과거의 교육 방식은 기계적인 지식 전달과 단순한 암기를 요하는 형태였다. 하지만 지금은 아니다. 실세계에서 복잡하고 다양한 문제를 해결할 수 있는 교육이 요구되고 있다. 그것이 현대 교육의 패러다임이다.

현대 교육의 패러다임에 발맞추려면, 정보와 아이디어를 서로 공유할 수 있는, 또한 개인의 문제뿐 아니라 다른 사람의 다양한 문제도 풀어줄 수 있는 교육 훈련이 필요하다. 이러한 교육 방식이 PBL 모형이다.

PBL 이란 Problem based learning 또는 Project based learning이라고도 한다. 이는 답이 정해지지 않은 비구조화된 문제를 제시해 풀어 나가는 수업 방식이다. 이론이나 개념에서 출발하는 것이 아니라 실전적인 문제에서 출발한다. 또한 학습자는 문제를 스스로 해결한다. 그러한 과정에서 학습이 이루어지는 학습자 중심의 교육 방법이다.

이 수업 방식은 1970년대 어느 의과대학에서 시작되었다. 의사가 배우는 교육량은 보통사람보다 더 많다. 그런데 그 많은 지식은 다양한 패턴이 존재하고 문제가 발생하는 현장에서는 제 기능을 발휘하지 못할 때가 많았다. 교육 현장과 실제 현장 사이에 괴리가 발생한 것이다. 때문에 의사들은 환자를 진단하는 데 어려움을 겪었다. 이로 인해 학습자가 실제 상황에 대해 추론하는 기능과 이를 스스로 해결하기 위해 스스로 학습하는 자기주도적 학습이 필요하게 된 것이다. PBL 수업 모형의 탄생 배경이라 할 수 있다.

PBL 모형은 문제를 확인하고 해결하는 과정에서 교육이 이루어진다는 것을 골자로 하고 있다. 학습자는 수업 중 스스로의 힘을 문제를 해결해 나간다. 또한 자신의 경험을 통해 지식을 구성해 나간다.

PBL 모형의 교육 설계

학습자 중심으로 진행되는 PBL 모형은 소규모 학습 안에서 팀 형태로 교육되어질 때 특히 효과적이다. 교수자는 안내자 역할을 하며, 학습자는 자기주도적 학습을 통해 새로운 정보를 얻는다. 요즘 공교육 현장

기획자의 경험

에서 시도되고 있는 '거꾸로 교육'도 이러한 방식을 활용한 것이다. 온라인으로 교육의 내용을 토의해 오고, 교육 현장에서는 결과를 토의하고 피드백받는 방식으로 진행된다.

PBL 모형에서 가장 중요한 요소인 '문제'는 다음과 같은 기준에서 선정된다.

 문제의 설정 기준

- 실제적인 상황에 맞는 문제로, 접근 방식이 다양한 문제
- 문제 해결 과정에서 문제 해결력이 키워지는 문제
- 실제 문제 해결이 다른 문제로도 전이 가능한 문제
- 해결 결과가 서로에게 함께 학습될 수 있는 과제
- 너무 쉽거나 한 가지 정답만 존재하지 않는 문제

교육자의 역할은 학습자 스스로가 '어떤 문제를 해결해야 하는가?'라는 목표 설정과 그에 따른 과정 설계를 잡아 주는 것이다. 학습자의 수준이 다양하기에 학습자의 역량을 파악하는 것이 필요하며, 수준이 너무 낮지도 않고 너무 높지도 않은 문제를 제시하는 것이 좋다.

PBL 모형의 장점은 문제 해결력을 향상시키는 것에 중점을 두고 있다는 것이다. 또한 팀워크의 활동을 통해 교육생 전원이 문제 해결 과제를 소통함으로써 지식을 공유하며 학습을 한다는 것이다. 이 과정에서 리더십도 향상시킬 수 있다. 학습자가 스스로 문제에 대한 인식을 갖고 접근하는 것 자체만으로도 교육에서는 매우 효과적이다. 학습자의 적극

성을 이끌어 낼 수 있기 때문이다.

옛 어른들이 입버릇처럼 하던 말이 있었다.

"공부해서 남 주냐?"

그런데 PBL 모형은 공부해서 남을 주자고 한다. 남을 가르치는 것, 남과 나누는 것이 가장 큰 공부라는 것이다. 학습이나 일이나 이런 방식으로 한다면, 우리나라의 고질적인 경쟁문화의 장벽도 무너지지 않을까 기대해 본다.

PBL 모형으로 모듈화 연습하기

PBL 모형에서 교육을 진행하며 학습되는 원리들이 있다. 크게 두 가지로 나타난다. 하나는 문제를 다양한 방법으로 접근해 나가는 과정에서 일어나는 배움, 다른 하나는 팀 혹은 다른 사람의 문제 해결 결과를 공유하는 것에서 일어나는 배움이다. 그렇기에 PBL 모형에서는 각 부분별로 소통하기 위해 워크숍이 많이 들어가는 것이 특징이다. 특히 기획자는 교육의 각 모듈마다 목표에 맞게 결과물이 잘 나올 수 있는지를 확인하며 설계를 해야 한다. PBL 모형에서는 이에 따라 다음 단계에 영향을 미치기 때문이다.

기획자의 경험

PBL 모형		모듈화		
		모듈명	세부 내용	시간
문제 도출	사전 학습 문제 제기	모듈 1	• • •	
	문제 정의	모듈 2	• • •	
문제 해결	문제 해결책 - 우선순위 - 액션플랜	모듈 3	• • •	
	실행 및 평가	모듈 4	• • •	
사례 공유	발표 & 피드백	모듈 5	• • •	

Tip. PBL 모형이 성공적이기 위해서는 사전에 교육생의 정보를 파악하는 일이 필수적이다. 팀 구성에 대한 부분이 성과에 많이 작용하기 때문이다. 모듈을 구성할 때 [활동/도구/ 교육자의 지원 사항 등] 세부적인 부분을 설계하는 것이 필요하다.

💡 실전 모듈 툴TOOL의 활용과 예시

실전 모듈에 쓰이는 툴Tool은 다음과 같다.《라이프 서핑》강의안을 만들 때 활용했던 것을 예시로 든다. 엑셀로 작업을 해두면 시간이 길거나 복잡한 교육의 경우 카테고리를 확대해 나가며 관리할 수 있다.

팀으로 활용할 때에는 작업 날짜 / 개발 담당자 / 완료 체크 등 작업 환경에 맞게 넣을 수도 있다. 강의를 만드는 과정에서는 이 정도로도 충분히 교육 관리가 가능하다. 모듈을 실제로 작성해 보면 마인드맵과 별반 달라 보이지 않거나 만다라트의 작업을 반복하는 느낌이 들 수도 있다. 하지만 실제로 작성을 하고 완성된 것을 보면 시간 흐름에 따라 강의 전체가 보이기 시작하는 것을 경험하게 될 것이다.

특히 각 모듈별로 각 목적에 맞게 구성이 되었는지, 더 교육을 극대화할 수는 없는지 등을 체크해 본다. 모듈에 대한 경험이 쌓이면 쌓일수록 더 많은 교육의 전략들을 구현해 낼 수 있으며, 세부적인 상황까지 볼 수 있는 눈을 가질 수 있다.

기획자의 경험

라이프서핑 모듈화 예시

모듈명	소제목 (콘셉트 단위)	시간	세부 내용 (PT에 들어갈 내용 요약)	구성 요소
오프닝	서핑의 경험	5	• 서핑 소개 및 개념의 소개 • 개인의 서핑의 경험 전달	영상) 서핑 영상
패들링	두려움을 넘어라	3	• 사회 초년기 시절의 두려움 • 내면 아이를 치유하는 방법들	
	내면 아이	5	• 상처받은 내면 아이 • 파도를 넘는 노하우들	책) 자기 사랑 노트
	인생의 멘토	3	• 역경을 넘어갈 때 필요한 사람들	
	워크숍 1	15	• 과거 속 나의 정체성 찾기 • 5분 작성 15분 조별 토론	책) 감정혁명
라인업	꿈을 기다려라	2	• 자신만의 파도를 기다리며 • 언젠가 나의 기회가 찾아온다	
	먼 미래를 봐라	5	• 꿈은 씨앗을 심는 것 • 꿈은 먼 곳에서 오는 것	영상) 나무를 심는 사람들
	남을 의식하지 않기	5	• 국왕을 기다리는 한 귀족 이야기 • 한국의 남 의식하는 문화들	
	워크숍 2	20	• 미래의 꿈리스트 5가지 작성 • 짝토론으로 진행	존 고다드 사례 이수영 사례
테이크 업	자신감 = 자기확신	5	• 미래의 나를 그려내는 것 • 미래의 내가 말해 주는 지금의 나	
	실패해도 또다시	5	• 실패는 디딤돌이다	
	워크숍 3	20	• 자신의 약점을 강점으로 전환하기	
라이딩	강점을 찾아라	5	• 자신만의 강점으로 경쟁하라	
	생각의 방향	5	• 생각의 방향이 꿈의 방향을 정한다	
	워크숍 4	15	• 3가지 직업 방향 정하기 • 전체 발표	
클로징	삶의 의미를 찾아서	2	• 빙산의 일각 스토리 • 서퍼의 영상	영상) 프로서핑 감상
시간 합계		120		

콘텐츠의 전략은 모듈로 설계된다

04

교육 기획을 위한 지식 관리

교육 기획에서 가장 필요한 것은 무엇일까? 많은 사람들이 교육을 개발하는 툴Tool과 원리들을 배우면 교육이 만들어지는 것으로 생각한다. 그런데 《기획자의 경험》에서 제공하는 것은 각 사람의 지식과 경험을 교육으로 만드는 방법이다.

교육자나 교육을 개발하는 이들은 끊임없이 학습을 해야 한다. 공부해서 지식을 쌓고 다양한 경험을 습득해야 한다. 그것들이 교육을 만드는 소재가 되며, 특별한 교육을 만들어 준다. 개인적으로 교육을 기획할 때 관련된 책 20~30권을 참고한다. 또한 이전에 공부하며 만들었던 바인더와 이전 회사에서 모아둔 개발 바인더도 활용한다. 모두 다 큰 도움이 된다.

기획자에게는 지식을 정리하는 것이 습관화될 필요가 있다. 특히 공부를 하거나 교육을 개발할 때마다 바인더로 정리하는 것을 추천해 주고 싶다. 요즘 많은 사람들이 클라우드에 혹은 컴퓨터 안에 자료를 저장하는데, 나는 아직까지 아날로그 방식을 함께 적용할 때 작업이 잘되는 것을 경험한다. 나와 함께 작업하는 이들도 바인더를 통해 자료를 검토하거나 교육을 만들어 낼 때 효과를 본다. 이제 내가 10년 넘게 써왔던 바인더 지식 정리 시스템에 대해 소개하려 한다. 특히 3P 바인더에 대해 집중 소개할 계획이다.

지식화의 교육 - 이랜드 지식경영

한국에서 15평의 공간으로 시작해서 몇십 년도 되지 않아 조 단위의 기업으로 성장한 기업이 있다. 이 기업에서 시행한 경영기법들이 자주 이슈가 되기도 했다. 그 기업은 바로 현재 수십 개의 브랜드를 가지고 있는 이랜드 그룹이다. 많은 경영 연구자들이 이랜드의 성공원리에 대해 궁금해 한다.

이랜드는 갑자기 고속성장을 하게 되면서 전문 경영자의 필요성이 절실해졌다. 그러나 급속히 성장하는 가운데 현재 활발히 활동하는 실무자들을 MBA나 경영대학원에 보낼 수도 없는 노릇이었다. 그래서 박성수 회장이 선택한 것이 3가지가 있다. 바로 이랜드 스피릿과 독서를 통한 지식경영, 그리고 프로세스를 키우기 위한 바인더의 도입이었다. 특히 박성수 회장은 한국인들의 프로세스 역량의 한계를 통찰력 있게 보고 바인더로 지식을 지속적으로 정리하게 한 뒤 이것을 직원들 사이에 공유해서 팀원이 함께 성장하도록 했다. 이랜드 그룹은 이 바인더를 승진의 자격으로 평가하기도 했다. 이것이 바로 지식경영인 것이다.

현재 내가 다니고 있는 회사의 강규형 대표님은 본인이 몸담았던 회사에서 신입사원 때부터 바인더의 속지를 개발했다. 바인더로 성과를 내고 그것을 공유했다. 바인더 사내 강사로 활동을 하기도 했다. 그 회사를 나와 다른 업종에 적용하면서도 바인더로 성과를 내고, 많은 사람들에게 바인더를 전파하며 성공을 도왔다. 그러한 활동이 많아지며 지금의 회사가 만들어졌다.

대학 시절부터 플래너를 썼던 나는 강규형 대표님을 만나 지식경영을 배우고 난 뒤부터 체계적으로 지식을 관리하게 되었다. 이후 일에 대한 지식을 끊임없이 바인더로 정리했는데, 그것은 다음 직장을 가거나 다른 일을 할 때도 디딤돌이 되었다. '단무지'라는 대형행사를 치를 때에도 그전에 작은 규모로 치렀던 행사의 바인더들이 큰 도움이 되었다.

특히 교육을 기획하면서 이전에 작성했던 독서 및 연구에 대한 바인더들이 기획에 좋은 재료가 되었다. 바인더 덕분에 그때의 경험을 생생하게 동료들과 나누며 토의할 수도 있어서 소통에 효과적이었다. 업무의 인수인계나 후임자를 양성할 때도 유용하게 쓰였다. 지금은 바인더로 일을 하고 업무를 계획하는 것이 생활의 일부가 되었다.

지식 확장의 개념 - 바인더 프로세스

강규형 대표님에게 배웠던 3P 바인더에 대해 모두 소개할 수 없지만 기본 개념을 소개하려 한다. 바인더를 쓴다는 것은 일을 기록하는 것이고, 삶을 기록하는 것이다. 그렇기에 일과 삶에 대한 철학들을 배워야 한다. 그 철학들을 교육으로 진행하는 것이 3P자기경영연구소의 교육이

기획자의 경험

다. 프로 과정, 코치 과정, 마스터 과정으로 구성될 만큼 많은 교육 콘텐츠가 있다. 3P자기경영연구소의 교육은 10년 동안 끊임없이 사랑받고 큰 호응을 얻고 있다. 많은 사람들이 단지 바인더를 배우러 왔다가 본 교육으로 일과 삶에 대한 개념이 트이면서 변화가 일어난다.

바인더에는 많은 장점들이 있지만, 그중에서도 특징적인 것은 바로 메인 바인더와 서브 바인더와의 호환 시스템이다.

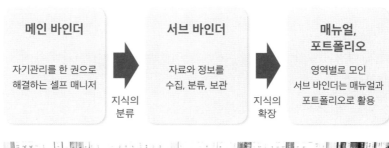

강규형 대표님 서재
이곳에는 대표님의 지난 30년 비즈니스의 경험과 노하우를
바인더를 통해 생생하게 볼 수 있다.

메인 바인더 Main Binder	16가지 섹션으로 구성되어 일과 삶을 관리할 수 있도록 구성되어 있다.
서브 바인더 Sub Binder	주제별로 관리가 가능하며 메인 바인더의 내용들과 호환해서 누적으로 관리 가능하다.

강규형 대표님은 지난 20년이 넘는 시간 동안 바인더로 누적해 온 지식이 약 1,000권이 넘는다. 이 많은 서브 바인더를 활용해 찾아오는 사람들에게 실질적인 컨설팅을 해 준다. 대표님이 교육에서 항상 하는 말이 있다.

"우리의 경제 수준은 선진국으로 들어왔지만, 지식 관리 수준은 후진국이다."

나도 이 말에 전적으로 동의한다. 나는 500여 권의 서브 바인더를 가지고 있다. 지난 10년간 교육을 하며 업무, 삶, 교육, 행사, 취미, 일기 등의 카테고리로 나누어 만든 것이다. 이 바인더들이 우리나라 교육의 수준을 끌어올리는 데 일정 부분 기여한다고 확신하다.

교육을 기획하면서 중요한 것은 지속적인 관리이다. 우리의 기억력과 정보력은 한계가 있다. 직장을 옮기거나, 다른 업무로 넘어가게 되면 기존의 지식은 암묵적으로 보관되기는 한다. 그러나 시간이 흐르면 사라진다. 특히 독서와 연구들은 더 빨리 잊힌다. 그래서 바인더로 정리하는 것이 중요하다. 기획자들에게 바인더는 필수적인 도구라 생각한다.

디지털 시대에도 아날로그 바인더는 결코 뒤처지지 않는다. 내가 만난 탁월한 기획자들 그리고 책에서 만난 해외의 기획자들은 모두 아날로그 기록으로 생각을 정리한 뒤 디지털 작업을 하는 사람들이었다. 교

기획자의 경험

육을 기획하는 사람이라면, 자신만의 체계적이 지식 관리 도구가 없는 사람이라면 3P 바인더 교육을 경험해 보길 바란다. 해외에서도 관심받는 탁월한 교육이다.

교육 기획자에게 지식을 정리한다는 것은 자신의 경험을 정리하며 자기를 완성해 나가는 것이다. 지난 10년 넘게 일기를 써 왔었다. 그것은 나의 지나온 삶을 돌아볼 수 있었다. 자기를 발견한 사람은 자기 완성에 한 걸음 가까이 갈 수 있다.

바인더는 교육자에게 일기장과 같다. 교육자의 바인더에는 교육자의 삶과 경험이 생생하게 담긴다. 그래서 자기를 발견하게 만든다. 자기를 발견한 교육자는 구체적으로 교육을 연구할 수 있다. 경험을 전달하는 것만큼 확실한 교육은 없다. 따라서 교육 기획자는 교육을 개발하며 쌓여가는 정보와 지식들을 체계적으로 분류하고 정리해야 한다. 하지만 때로는 자료 정리나 자료를 찾는 일에 오랜 시간이 걸리기도 한다. 이 시간을 현저하게 줄여주는 것이 바로 바인더의 지식 관리 시스템이다.

교육자라면 자신만의 지식 관리법이 반드시 필요하다고 본다. 이러한 관점에서 바인더 시스템을 훈련한다면 탁월한 교육을 만들어 낼 수 있으리라 생각한다.

05

교육의 성장과 확장을 위한
'교육 R&D'

교육은 그것에 대해 알면 알수록 강한 애착과 열정을 갖게 된다. 나와 같은 교육 기획자가 많을 것이라 생각한다.

교육 R&D는 어디로 가야 하는가

교육이란 변하지 않는 것이라는 인식이 있다. 한번 만든 교육은 몇십 년 쓸 수 있을 거라는 생각들이 일반적이다. 하지만 실용 지식을 다루는 교육들은 대체로 3~5년마다 트렌드가 바뀐다. PPT 디자인조차 우리가 인식하지 못하는 사이 큰 맥락에서 변화의 흐름이 일어난다. 그래서 3~5년이 지나면 디자인적으로도 무엇인가 시대에 뒤처지는 느낌을 주기 마련이다. 그러므로 교육자는 변화해야 한다. 교육은 교육생에게 미래를 향한 새로운 자극을 준다는 관점에서도 변화에 적극적이어야 한다.

보통 현장에서 오랫동안 교육을 진행하다 보면 자신의 PPT 내용과 디자인 등이 트렌드에 뒤처지고 있다는 것을 깨닫지 못하는 경우가 많다. 나도 마찬가지였다. 여러 교육들을 만들고 나서 사후 관리에 면밀하게 신경을 쓰지 않은 탓이다. 언젠가 기획한 지 4년 정도 지난 교육들을 점검할 기회가 있었다. 마치 지금은 컬러 TV가 나오는데, 흑백 TV를 보는 듯한 느낌이었다. 교육이란 것은 지속적인 변화가 있어야 한다는 것을 새삼 느낄 수 있었다.

그렇다고 교육을 완전히 바꿔야만 한다는 이야기는 아니다. 바꾸어야 하는 부분은 바꾸고, 그렇지 않은 부분은 유지하면 된다. 《좋은 기업을 넘어 위대한 기업으로》의 저자 짐 콜린스는 기업이 혁신을 할 때 바꾸지 말아야 할 것과 바꾸어야 할 것들에 대해 아래와 같이 정리했다. 그의 이론을 교육에서도 동일하게 적용할 수 있다.

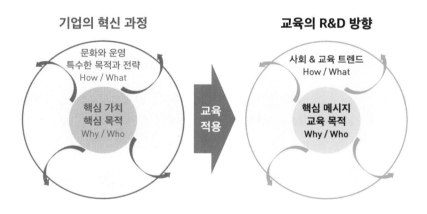

_《좋은 기업을 넘어 위대한 기업으로》 중에서

변화하지 말아야 할 것	핵심 메시지 & 교육 목적	원리 / 개념 / 철학 / 구조
변화를 시도해 볼 것	사회 & 교육 트렌드	사례(책 & 케이스) / 방법 / 디자인 / 전달 방식

교육에서 가장 중요한 것은 핵심 메시지와 교육의 목적이다. 이에 관련된 원리, 개념, 철학, 구조 등은 대체로 교육의 본질적인 부분이기에 변화보다는 개념을 더 확장하거나 보완하는 쪽이 나을 수 있다.

반면 사회와 교육 트렌드에 맞춰 이전에 쓰인 관련 사례, 책 인용 부분, 방법 등은 변화시키는 것이 좋다. 디자인의 경우 디자인의 최신 패턴들을 살펴보며 변화를 주는 것이 효과적이다. 또한 전달 방식에 있어서도 여러 가지 새로운 시도를 해 볼 수 있다.

이렇게 교육을 보완하고 발전시키는 과정을 교육 R&D^{research and development, 연구 개발}라고 한다. R&D의 시점은 교육자 개인이 주기적으로 정하는 것도 좋지만, 1년 단위로 하는 것이 효과적이다. 만약 3년이 지났다면 반드시 해 주는 것이 좋다. 전문가들 혹은 관련 대상들의 조언을 듣고 바꾸는 것도 좋지만, 서점이나 도서관에서 최근 지식들을 공부하며 새로운 개념과 지식들을 확장하거나 보완해 나간다면 더욱 좋다. 좋은 교육을 넘어 위대한 교육으로 만들어질 수 있으리라 기대해 볼 수 있다.

기획자의 경험

R&D의 새로운 3 NEW - 원리 / 사례 / 디자인

　때로는 새로운 교육을 만드는 것보다 기존의 교육을 R&D 하는 일이 더 힘든 경우가 있다. 기존의 교육을 기획했던 본인이 R&D를 진행하는 것은 수월하지만, 다른 사람의 교육을 받아 그것을 R&D 하는 경우에는 녹록치 않다. 교육의 본질적인 것을 해석해 내기까지 오랜 시간이 걸리고, 그 본질을 살려 새로움을 구현해 내는 데 한층 에너지가 소비된다.

　기존의 교육을 R&D 할 경우에는 기존 교육의 철학, 의도 콘셉트 등 그 교육의 개발자의 의도를 명확하게 해석해야 한다. 그래야만 리뉴얼의 방향을 잡을 수 있다. 무조건 시대에 뒤처졌다며 새롭게 모두 바꾸어 버리는 사람들도 종종 있지만, 추천할 만한 방향은 아니다. 지식과 경험은 누적될수록 그 가치가 빛이 나는 법이다. 그것들을 잘 살리는 사람들이 바로 유대인들이다. 그들은 성경의 본질적인 부분을 그대로 유지하면서 시대에 맞게 지혜와 지식을 정리해 나간다.

　R&D를 하는 이들은 다음과 같은 기획 원칙을 잡고, 다음과 같은 사고로 작업에 접근해 보기를 권한다.

　첫 번째는 핵심을 찾는 것이다. 전체적인 메시지와 각 파트마다 전달하고자 하는 핵심 메시지를 잡는다. 그리고 이에 따른 개념들의 연결을 체크하며, 이것들이 교육생에게 어떤 변화를 일으키는지를 체크한다. 교육의 목적에 맞게 교육을 전달하는 전개 방식을 검토하며 핵심 원리와 개념들을 더 확장된 새로운 콘셉트로 구성해 보는 것이다. 교육의 뼈대인 이것을 해내기만 해도 교육 R&D의 50%는 성공하고 있는 것이다.

두 번째는 새로움을 주는 것이다. 새로움을 추구하는 교육생들에게 다음의 세 가지에 집중해서 접근해 보는 것을 추천한다. 교육생에게 새로운 느낌을 주는 데 효과적이다

New 원리&개념을 보완 ● New 사례 ● New 디자인

❶ New 원리&개념

교육에서 원리적인 부분은 완전히 교체되거나 바뀌지는 않는다. 다만 시간에 따라, 시대에 따라 조금씩 발전되며 변화된다. 그 '발전'과 '변화'를 교육에 적용하는 것이 효과적이다. 보통 일반적으로 원리와 개념이라면 변화하지 않는 것처럼 보이지만, 사실상 그것들은 시대적으로 다양한 견해를 가지면서 변화하고 발전한다. 옛것과 새것을 비교하고 교육으로 적용하면 좋은 교육이 나올 수 있다.

한 예로, 시간 관리에 대한 원리와 개념은 이전에는 우선순위와 효율적인 부분에 초점이 맞춰졌었다. 그런데 요즘은 개인의 힐링과 휴식 쪽으로 원리와 개념이 변화하는 추세다. 교육 기획자는 이를 잘 비교하고 교육에 적용하는 감각이 필요한 것이다.

❷ New 사례

사례는 크게 3가지가 있다. 책 사례, 사람 사례, 기사 및 연구 자료 사례이다. 리뉴얼을 할 때 기본적으로 바꾸어 주어야 하는 것이 바로 이 사례 부분이다. 시대는 분명 변하고 있고 사례는 이 시대에 따라 변화하

기획자의 경험

고 있다. 각 세대가 느끼는 것에 맞게 사례는 지속적으로 리뉴얼해 주어야 한다. 사례라는 것이 활용되는 이유는 교육을 효과적으로 돕기 위한 것인데, 그런 도우미가 삶과 괴리가 있다면 교육생들의 공감도는 떨어질 수밖에 없다.

고등학교 시절 한 강사의 교육을 들었다. 그리고 15년 뒤 우연히 그분의 강의를 듣게 되었다. 나는 경악을 금치 못했다. 그 강사는 이 시대를 살아가는 아이들에게 지금 있을 수도 없는 역사책 같은 사례를 보여주고 있었다. 내 생각에는 15년간 그대로 쓰고 있는 강의안 같았다. 아니 확실했다. 그분은 매년 바쁘게 강의만 다니다보니 강의안을 바꿀 필요성을 느끼지 못했던 모양이다. 시대는 빨리 변하고 트렌드는 금방 뒤집힌다. 변화하지 않고는 성공하기 어렵다.

사례만 잘 넣어주어도 교육이 살아나는 경우가 있다. 아주 효과적으로 교육을 전달할 수 있다. 그러므로 일반적으로 쓰이지 않는 새로운 사례들일수록 교육에 효과적이다. 보편적으로 쓰이는 사례라면 자신만의 해석을 넣어 색다르게 개발하는 것도 괜찮은 방법이다.

사례에는 5단계가 있다고 본다. 단계가 높아질수록 교육의 질은 높아진다. 맨 처음 1단계는 '타인의 사례'이다. 즉 교육과 관련된 타인의 책이나 타인의 성공 사례들을 가리킨다. 2단계는 그 타인의 사례에서 나의 업무 등에 적용할 것들을 끌어내는 것이다.

시간이 지나면 본인만의 성과들이 쌓이게 된다. 그 성과가 세 번째 사례가 된다. 그다음 네 번째 단계는 내가 누군가를 가르쳐서 성과가 난 사례이다. 교육생들은 다른 사람들도 이 교육을 통해 성과를 얻었다는 사실에 많은 희망을 얻을 수 있다. 마지막 5단계는 대중적인 자신의 사례이다. 즉 신문이나 책 방송들을 통해 누군가가 '나'를 소개한 것이다. 이러한 것이 많을수록 교육과 교육자에 대한 신뢰와 교육효과는 높아진다.

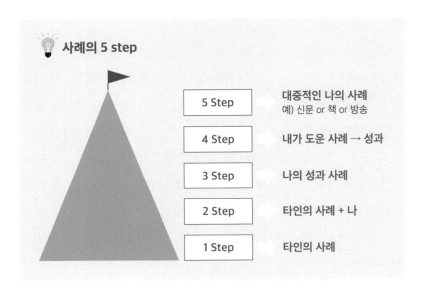

💡 **사례의 5 step**

5 Step	대중적인 나의 사례 예) 신문 or 책 or 방송
4 Step	내가 도운 사례 → 성과
3 Step	나의 성과 사례
2 Step	타인의 사례 + 나
1 Step	타인의 사례

❸ New 디자인

PPT를 기준으로 '레이아웃, 다이어그램, 사진 이미지'를 바꾸는 작업이다. 다이어그램과 디자인은 우리가 알게 모르게 진화한다. 수많은 디자이너들이 시대를 이끌어 가며 개발해 나가고 있기 때문이다. 나는 회사의 디자이너와 이야기하면서 글로벌적으로 매해 트렌드가 되는 색을 선정하고 이끌어 가는 단체가 있다는 것을 알게 되었다. 그런 단체가 있다는 것 자체가 무척 신비로웠다. 우리가 사회 속에서 '알게 모르게' 디자인의 변화를 경험하면 산다는 사실이 실감되었다. 누구나 오래된 디자인을 촌스럽거나 예스럽다고 느낀 적이 있을 것이다. 우리의 감각도 디자인과 함께 변화하고 있다는 증거이다. 그렇기에 교육의 디자인도 변화를 시켜 나가는 것이 효과적이다.

💡 **작업 방향**

❶ 레이아웃의 색을 변화시킨다. 혹은 디자인 폼을 바꾼다.
❷ 다이어그램을 새로 재구성 혹은 방식을 바꾸어 시도해 본다.
❸ 사진 이미지를 새로운 것으로 바꾸고, 화질을 높여 준다.

지금까지 소개한 3 NEW 외에도 교육의 느낌을 새롭게 하는 데에는 많은 요소들이 필요하다. 그럼에도 이 세가 방식만 충실하게 익혀 접근해도 큰 도움이 되리라 확신한다.

"기획은 전략을 만드는 것이다"

'기획….' 나는 이 단어가 무척이나 좋다.

그래서 기획이란 책은 모두 사서 수집을 하며 기획의 분야를 모두 공부하고 싶었다. 교육 기획뿐 아니라 경영 기획, 마케팅 기획, 영업 기획, 사업 기획, 디자인 기획, 브랜드 기획 등…. 평생을 다 공부해도 다 배우지 못할 것 같은 행복한 고민을 할 때도 있었다.

기획이라는 것은 무엇일까? 나는 기획이란 '전략'이라고 생각한다. 직장에서 일을 하면 그냥 '일'이라고 하지만 그것을 잘되게 하고 성과를 내게 하고 원하는 방향으로 이끌기 위해 무엇인가 들어가면 그것은 기획이 된다. 기획에서는 전략이 있냐 없냐가 생명인 것이다.

기획 회의에 들어가면 끊임없이 토의하며 전략을 짜낸다. 사람들이 생각하지 못한 것, 원하는 것, 그리고 성공적으로 해결할 수 있는 것 등 새로운 아이디어와 전략들이 나오면 성공하는 이미지가 보이기 시작한다. 그러면 기획에는 생동감이 넘치기 시작한다. 기획에 생명이 들어간 것이다.

✎———— 3P의 회의 때 빠지지 않는 것이 화이트 보드이다. 화이트 보드를 통해 서로의 의견을 현장에서 확인하고 발전시켜나간다. 회의를 마치면 기획자는 화이트 보드의 내용을 사진 찍고 이것으로 기획을 심화시켜 나간다. 팀 회의 때는 각자의 사고하는 방법이 다르기에 바로바로 명문화시켜 눈에 보이게 공유하고 확인하며 전략을 발전시켜 나가는 것이 필요하다.

✎———— 무엇인가 보이지 않을 때도 있다. 그때 기획자는 무엇인가 보이게 만들어 주어야 한다. 최소한 이들이 생각할 수 있게 만드는 힌트라도 만들어 가야 한다. 누군가의 머리에서 전구가 켜지면 기획 회의라는 공장은 다시 빠르게 돌아간다. 할 수 있다고 생각하면 무엇이든 해낼 수 있다. 언제나 그래왔듯이….

 기획을 할 때면 밤을 새는 것은 다반사이다. 서로가 모르는 것은 함께 풀어 나간다. 가장 감사할 때는 힘든 것이 분명한데도 서로를 위해 그 상황들을 웃음으로 함께할 수 있는 동료가 있다는 것이다.

기획을 할 때 막힐 때면 팀원과 함께 이야기를 나누거나 화이트 보드를 활용하여 누군가에게 설명하듯이 정리해 본다. 그리고 다시 혼자 나의 마음 깊은 곳에 들어가 생각한 기획들을 찾아 꺼내온다.

기획자의 경험

🖊 _____ 기획을 할 때면 항상 마인드맵으로 시작한다. 마인드맵으로 생각하는 것들은 나에게 일이라 느껴지지 않게 만들어준다. 마인드맵을 그리는 가운데 많은 생각이 정리된다. 기획자라면 가장 추천해 주고 싶은 생각 정리법이 바로 마인드맵이다. 한 과정을 기획할 때면 각 주제에 대해 혹은 전체적으로 스케치하는 마인드맵이 수십 장 된다.

🖊 _____ 기획 회의가 마치면 서로에게 주어진 과제를 해결해야 한다. 그 시간이 막막해 보일 때가 있다. 그것이 마치 끈질긴 싸움과 같다. 오전이 지나고, 오후가 지나고, 저녁이 지나고, 새벽이 되어서야 KO를 선언하고 기획의 생각을 나에게 넘겨준다. 나도 지치지만 결국 '이겼다!' 기획팀과 함께 기획을 하며 밤을 새는 시간이 많지만 밤을 새서 힘든 것보다 기획이 나오지 않을 때가 더 힘들다. 기획의 방향이 잡히고 목적지가 보이면 시간 가는 줄 모르고 새벽의 정적 속에 서로의 목적지를 향해 간다.

chapter 4

콘텐츠 기획을 위한
6단계 프로세스

헌신하기 전까지는 항상
머뭇거리고 주저하게 마련이다.
무엇이 무수한 아이디어와 계획을
무산시켰는지는 모르지만
모든 시작과 창조 활동에는 한 가지 진실이 있다.
자신에게 분명히 헌신하는 순간
신의 섭리가 함께 움직인다.

W.H. 머레이

01

사람을 변화시키는 교육 엔터테인먼트

    나의 첫 직장은 교육 회사였다. 그곳에서 본 교육 기획은 마냥 커 보였다. 몇십 년을 경험해야지만 할 수 있을 것처럼 어렵고 높게만 보였다. 그런 시간들이 있었다. 어떻게 하면 교육을 잘 만들어 낼 수 있을까 고민했다. 고민 끝에 교육학, 교육심리, 교육철학, 교육공학 등과 관련된 책을 사서 공부했다. 공부한 것을 정리해서 실무에 적용을 해 보았지만, 기대만큼 성과는 나지 않았다. 왜 그럴까? 곰곰이 생각해 보니 오히려 많은 이론들이 방해가 된다는 느낌이 들었다. 교육적인 메시지 곧 콘셉트가 중요한 것인데, 공부를 통해 얻은 어려운 이론들이 교육의 본질에 집중하지 못하게 만드는 것 같았다. 문제는 교육 기획에 실용적인 도움을 주는 책도 없었다는 사실이다.

    돌파구를 열어준 것은 영화였다. 교육을 개발하고 기획할 때 도움이 되었던 것은 영화를 만드는 제작 프로세스였다. 고등학교 시절 훈련을 했던 것이 기획을 하는 데 많은 영감을 주었고, 나만의 기획 프로세스도 만들어 주었다.

영화 프로세스를 통해 교육 기획을 할 때는 마치 영화를 찍는 기분이었다. 영화를 연출하는 사고법은 교육을 이미지적으로 생생하게 떠올리며 작업할 수 있게 만들어 준다. 과정 속에서 메시지와 사람에 집중하게 만들어 주는 효과가 있다.

영화의 각 장면들은 관객에게 이야기와 메시지를 전달하기 위해 연출되는 것으로, 불필요한 것 없이 구성된다. 시간의 단축이 필요하다면 시간을 단축하고, 공간을 자유롭게 이동시킬 수도 있다. 감정을 생생하게 전달하기 위해 음악을 넣기도 한다.

교육 기획은 영화 연출과 비슷하다. '전달'을 위해 어떠한 아이디어 혹은 메시지를 구현해 내는 것이다. 교육을 하면서 메시지는 어떻게 전달되어야 하는 것일까? 정적인 텍스트적 관점보다는 동적인 영화적 관점이 더 좋다고 본다. 영화적 관점에서 기획할 때 교육은 더욱 다양해지며, 더 효과적으로 연출된다. 교육생들은 교육자가 전달하고자 하는 메시지에 더 집중할 수 있다.

교육 기획자라면 영화 감독이 되어 보자. 영화처럼 교육을 기획한다면 배우는 사람도 즐겁지만 가르치는 사람도 즐거워진다. 교육 효과가 높아지는 것은 당연하다. 이것이 나의 지론이다.

영화 제작 프로세스

영화 제작 프로세스에 대해 간단히 알아보고 교육 기획으로 넘어가고자 한다. 영화가 실제로 만들어지는 과정은 복잡하지만 다음과 같은 프로세스로 정의 내릴 수 있다. 고등학교 시절에 이러한 과정 속에서 영화를 제작하는 훈련을 받았다.

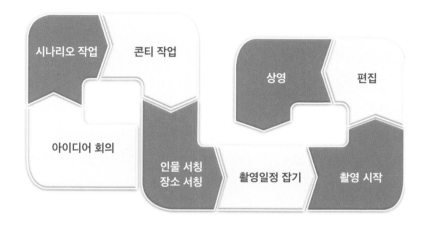

1단계 스토리의 아이디어 도출

영화는 하나의 아이디어에서 출발한다. 즉 하나의 상황을 도출하여 스토리로 이어 나가는 것이다. 예를 들면 "유태인 수용소에 아이를 숨기고 들어왔다면 어떤 상황이 벌어질까?" 또는 "노래를 부르며 샤워를 하며 비누칠까지 하고 있는데 물이 꺼지고 불이 꺼지고 비명소리가 들린다면." 여기서 스토리가 만들어지기 시작한다.

이러한 아이디어는 한 사람의 것으로 결정될 수도 있지만 여러 사람의 아이디어가 버무려져 하나의 메인 아이디어로 만들어지기도 한다.

2단계 시나리오 작업(스토리보드)

스토리의 아이디어가 정해지면 시나리오 작업에 들어간다. 시나리오 작업이란 아이디어를 글로 구현하는 것이다. 글로 스토리라인이 구체적으로 만들어진다. 시나리오 작업을 통해 메인 아이디어를 흥미롭게 만드는 서브 스토리들도 구성된다.

3단계 콘티 작업

시나리오가 구성되고 나면 콘티 작업에 들어간다. 콘티는 촬영을 위한 스케치이다. 즉 시나리오를 이미지로 표현해 내는 것이다. 또한 카메라 각도나 위치까지 섬세하게 그려내는 것이다. 즉 시나리오는 글로 구현해 내는 작업이고, 콘티는 이미지로 구현해 내는 작업이다. 그것이 시나리오와 콘티 작업의 차이점이다.

4단계 촬영

콘티 작업이 마무리되면 실질적으로 콘티에 따라 촬영이 들어가게 된다. 촬영을 통해 콘티는 생동감을 갖게 되고 실제의 영화의 형태를 가지게 된다.

5단계 편집

촬영이 모두 끝났다고 곧 영화가 되는 것은 아니다. 편집 과정을 거쳐야 한다. 영화 연출의 꽃은 편집이다. 찍은 영상들을 쭉 보면 사실 영화 같지 않다. 왠지 어색하고 부자연스럽다. 불필요한 장면으로 느껴지는 것도 눈에 띈다. 그래서 편집을 통해 장면들을 다듬어야 한다. 음악을 넣는 일도 편집 과정에서 행해진다. 편집을 통해서 영상은 비로소 영화로 완성되는 것이다.

모든 편집 과정이 마치면 한편의 영화가 완성되고 이것을 관객에게 상영된다. 영화의 목적은 만들어지는 것을 넘어 관객들에게 보여지는 순간 그 가치를 인정받을 수 있다.

영화를 만드는 과정은 교육의 기획 과정에도 동일하게 적용할 수 있다. 즉 연출은 하나의 아이디어가 어떠한 과정을 거쳐 영화로 제작되고, 교육 기획도 마찬가지로 하나의 메시지가 과정을 거쳐 교육으로 만들어 진다.

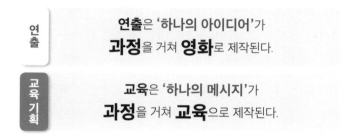

더 구체적으로 적용해 보자면 다음과 같이 적용할 수 있다.

교육 기획 프로세스

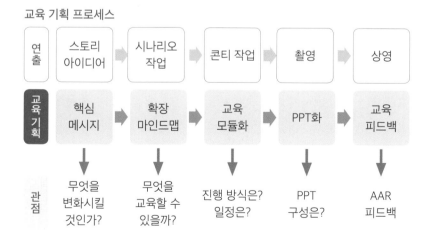

이와 같이 영화 연출과 교육 기획은 메시지가 구현되는 과정이 동일하다. 연출가는 관객을, 교육 기획자는 교육생을 대상으로 할 뿐이다.

교육 기획자에게는 연출가의 사고가 필요하다. 연출가는 눈에 안 보이는 메시지를 영상으로 시각화시켜 보여주는 사람이다. '시각화'라는 생생한 전달 방법을 선택하는 것이다. 교육 기획자도 교육생에게 전할 메시지의 전달 방법을 연출가처럼 고민해야 한다. 딱딱한 교과서적인 방법에서 벗어날 필요가 있다. 흥미진진한 기승전결 구조를 활용해봄 직하다.

한국인들은 프로세스에 약한 경향이 있다. 단기적 혹은 단발성 행사에는 강점이 있지만 장기적이며 전체적인 것에는 약점을 보인다. 큰일을 하기 위해서는 멀리 보고 탄탄한 프로세스를 설계하는 것이 중요하다. 그리고 단계적으로 실천하면서 하나의 완성품을 만들어 내는 것이다. 영화는 그렇게 만들어지는 완성품이다. 관객들에게는 그저 '한 편의 영화'일 뿐이지만, 탄탄한 프로세스 속에서 만들어지는 것이다. 프로세스가 약한 영화는 졸작이 되고 만다.

교육도 마찬가지이다. 프로세스가 약한 교육은 교육생들에게 생생하게 전달되지 못한다. 한 회 차의 강의, 한 편의 PPT로 교육생들과 만나더라도 탄탄한 프로세스를 기반으로 만든 교육이어야만 목적을 달성할 수 있다.

영화는 보통 하나의 주제를 영상으로 풀어낸다. 이 '하나의 주제'를 교육에서는 '핵심 메시지'라는 말로 바꿀 수 있다. 핵심 메시지를 놓치지 말아야 한다. 그래서 스토리로 교육생에게 다가갈 것을 권한다. 교육은 하나의 예술이라 생각한다. 교육을 종합예술로 접근해 보자. 특히 영화. 이러한 연출적인 사고는 교육을 다양한 관점으로 보는 눈을 키워준다. 새로운 것을 시도할 수 있는 도전 정신도 우러나게 만든다.

02

콘텐츠 기획 실전 6단계

교육 콘텐츠를 만들어 낼 때 다음과 같은 여섯 단계를 거치게 된다. 실무에서는 교육의 성격에 따라 더 많은 단계가 들어가기도 하지만, 기본적으로 6단계를 거쳐 이루어진다. 본인이 만들고 싶은 교육 콘텐츠가 있다면, 이번 파트에서는 메모를 하며 구성해 보자. 많은 도움이 될 것이다. 교육은 오랜 시간에 걸쳐 만들어진다. 이 파트에서 실습을 통해 완벽하게 완성하려고 마음먹기보다는 교육 기획의 흐름을 익히려는 마음가짐으로 접근하기를 권한다.

교육 기획을 여러 번 하면서 느낀 점이 있다. 전체적인 뼈대가 만들어지고 난 뒤에는 작업이 더 순조롭게 진행된다는 사실이다. 이번 파트의 목적은 교육의 전체적인 구조가 그려지도록 하는 데에 있다. 진행을 하다 막히는 부분이 있다면 앞쪽 파트로 되돌아가서 복습하며 훈련하면 막힘을 해소할 수 있을 것이다.

교육 기획 프로세스

단계	목표
1단계 **핵심 메시지 도출**	교육 핵심 메시지 만들기 '무엇을 변화시킬 것인가?'
2단계 **메시지 차별화**	시장 및 경쟁사 조사를 통한 차별화 '나만의 차별화는 무엇인가?'
3단계 **콘셉트 설계**	핵심 메시지로 콘셉트 확장하기 '나의 교육 핵심 콘셉트는?'
4단계 **교육 모듈화**	교육 모듈 설계하기 '교육 전략은 무엇인가?'
5단계 **PPT 설계**	PPT 뼈대 만들기 '어떻게 효과적으로 전달할 것인가?'
6단계 **교육 연출**	효과적인 교육 준비와 강의하기 '자신의 내면과 외면 준비하기'

기획자의 경험

핵심 메시지

핵심 메시지는 교육에서 전달할 개념이다. 이번 콘텐츠 실습은 자신의 지식과 경험을 기반으로 교육을 만드는 것이기에 자신에 대해 무엇을 전달할 것인가를 생각해 보자. 다음의 질문을 생각하며 자신의 핵심 메시지의 후보군을 잡아 보도록 한다.

Q. 질문
- 내가 사람들에게 줄 수 있는 지식과 경험은 무엇인가?
- 내가 가진 강점 혹은 오랫동안 해오며 능숙해진 것은 무엇인가?
- 살아오며 사람들에게 전달해 줄 가치 있는 경험은 무엇인가?
- 사람들이 나에게 듣고 싶은 이야기는 무엇일까?
- 죽기 전에 사랑하는 사람에게 가장 알려 주고 싶은 것은 무엇인가?
- 한 발 더 간 선배로서 후배에게 전해주고 싶은 이야기는?

질문을 바라볼 때 주의해야 할 사항은 자신을 과소평가하지 말라는 것이다. 자신의 삶 속에 깃들어 있는 이야기는 아무리 사소한 것일지라도 누군가에게는 소중한 지식이, 희망이 될 수 있다는 사실을 잊지 말아야 한다. 사람들은 위대한 사람들보다 자신과 동일한 경험을 한 사람의 이야기에 더 많은 공감을 한다. 그 이야기에 더 변화를 일으킨다. 주저하지 말고 자신의 내면에 있는 이야기를 꺼내 메시지로 만들어 보자.

| 1단계 | 핵심 메시지 도출 | 교육 핵심 메시지 만들기 |

다음 항목과 질문을 생각하며 떠오르는 것들을 형식 없이 적어 보자. 많이 적을수록 좋다. 작성을 할 때 서술식보다 키워드 형식으로 기록하면 더 효과적이다.

1

교육 핵심 메시지 만들기		
항목	질문	작성하기
사람의 변화	무엇을 변화 시킬 것인가?	
나의 지식	나는 사람들에게 주고 싶은 지식이 있다면?	
나의 강점	내가 다른 사람들보다 잘하는 것이 있다면?	
독특한 경험	내가 전해 주고 싶은 경험이 있다면?	
일과 취미	3년(or 1년) 이상 집중해 왔던 영역이 있다면?	
가치 있는 것	친구 또는 사랑하는 사람에게 알려 주고 싶은 것은?	

기획자의 경험

위의 질문들에 대한 답을 어느 정도 채웠다면, 교육의 대상들과 핵심 메시지 후보를 작성해 보자. 핵심 메시지는 서술식으로 기록해 본다. 예를 들면, "청년이여 삶을 계획하라"와 같은 문장으로 적는다.

2

대상	
핵심 메시지 후보	1. 2. 3.

핵심 메시지 사례

《라이프 서핑》은 2018년 출간한 책으로, 이삼십대가 평생계획을 세울 수 있도록 도와주는 교육이다. 지난 시간 대학생들과 만나며 멘토링했던 경험과 자기계발회사에서 취업 포트폴리오를 개발하며 정리한 라이프 플랜에 대한 개념들을 집약한 것이다.

나는 《라이프 서핑》의 콘셉트를 '서핑'으로 잡았다. 개인적 취미인 서핑을 그저 즐기는 것에 그치지 않고, 서핑의 개념들을 도입해서 진로를 구축해 나가는 일에 연결했다. 라이프 플랜의 과정을 4단계로 구성해 설명했다. 이 책의 주요 대상은 취업 준비생과 사회 초년생인 청년들이다. 내가 이들에게 주고 싶었던 메시지는 다음과 같다.

"미래의 후반부에서 역산하여 인생을 계획하라."

이 핵심 메시지를 기반으로 라이프 플랜을 구축할 수 있는 프로세스를 제시했다. 동기부여를 위해 나 개인의 경험 그리고 서핑의 개념을 활용했다.

이처럼 교육 기획자는 개인의 경험을 토대로 핵심 메시지를 구성해 낼 수 있다. 오히려 이때 더 차별화된 교육 메시지가 탄생할 수 있다.

기획자의 경험

콘텐츠 기획 2단계 – 메시지를 차별화하라

메시지 차별화

교육을 만들기 전에 반드시 점검해야 할 부분은 '차별화'이다. 본인이 하고 싶은 교육을 이미 시장에서 누군가 하고 있을 가능성이 높기 때문이다. 교육을 만들기 전 이러한 정보를 확보하는 과정 속에서 자신의 차별화된 교육 콘셉트를 만들어 낼 수 있다.

요즘은 인터넷으로 키워드를 중심으로 찾아보거나, 혹은 인터넷 서점의 사이트를 통해 이러한 카테고리의 저서 목차들을 검색해 보는 것도 효과적이다. 또한 시장 조사를 할 때는 다음의 질문을 던져보며 풀어가는 것이 효과적이다.

Q. 질문

- 내가 하고 싶어 하는 교육의 카테고리는? 분야의 키워드는?
- 나와 같은 분야의 강사는 누구인가? 교육은?
- 이 분야의 최고는 누구인가? 어떤 방식으로 교육을 진행하는가?
- 왜 사람들은 이것을 돈을 내고 듣는 것일까?
- 고객이 이 교육을 들어야 하는 이유는? 왜 필요로 하는가?
- 요즘 교육 트렌드는? 시장에서 어떤 방식으로 이런 교육을 접목하고 있는가?

콘텐츠 기획을 위한 6단계 프로세스 ———— 185

1) 시장조사 _ 요즘 각광받고 있는 교육의 트렌드에 대해 조사한다. 본인 분야의 교육이 시장에서 어떠한 이유로 선호되고 있는지, 키워드는 무엇인지, 어디에서 교육을 하는지 등을 찾아본다.

2) 고객대상 _ 설정한 고객이 필요로 하는 것, 진짜로 원하는 것은 무엇인지 찾아보고 기록한다. '고객 원츠'는 고객을 조사하다 보면 자연스럽게 찾아지기도 한다.

3) 경쟁사 _ 본인과 같은 분야에 있는 강사나 교육을 찾는다. 그리고 그들이 고객에게 접근하는 키워드 콘셉트들을 중심으로 조사한다.

위의 세 가지를 조사하다 보면 본인의 콘셉트가 어떤 차별화를 가져야 하는지 힌트를 얻을 수 있다. 차별화 포인트를 기록하되, 최소 3~5개는 기록하는 것이 좋다. 이를 정리한 뒤 본인 교육의 핵심 키워드를 3번 시트에 기록한다.

이 작업까지 마치면 4번 시트에 정리하는 순서이다. 제목은 가칭으로 기록하고, 교육 카테고리와 핵심 키워드, 핵심 메시지까지 기록한다. 이 부분을 정리할 때 완벽하게 채우려는 부담은 갖지 않아도 된다. 실제로 기획을 하다 보면 제목과 핵심 메시지는 작업을 하는 과정에서 더 다듬어지거나, 세부 내용을 정리하는 과정에서 더 좋은 것이 나오기도 한다. 어느 정도 방향이 정해지는 것만으로도 충분하다. 부담을 버리고 다음 단계로 넘어가자. 완벽주의에서 경험주의로 마음을 바꾸고 편하게 작성하자.

1

1. **시장조사** 트렌드 사회변화	· · · · ·
2. **고객 대상**(교육생) 고객 니즈 고객 원츠	· · · ·
3. **경쟁사** 경쟁사의 차별화 포인트	· · · · ·

2

나의 콘셉트 차별화 포인트

·
·
·
·

3

교육 핵심 키워드

·
·
·
·

4

제목(가칭)	
교육 카테고리	
핵심 키워드	
핵심 메시지	

메시지 차별화 사례

《라이프 서핑》은 도서 시장에서 '자기계발', '자기관리', '진로' 분야의 도서로 분류된다. 이들 분야에는 현재 많은 책들이 출간되어 있고, 강사들도 많다. 나는 《라이프 서핑》에서 장기 계획에 초점을 맞추었다. 꿈과 비전을 다루는 강사와 교육은 많은데, 장기 계획을 체계적으로 접근하는 강사와 교육은 많지 않았다. 그렇기에 교육의 내용에서 어필할 핵심 메시지를 장기 계획으로 삼은 것이다. 이처럼 교육을 기획하면서 자신에게 떠오른 생각들을 시장에서 어떤 방식으로 전달하고 교육으로 만들어졌는지 확인하는 작업은 무척 중요하다.

제목	라이프 서핑
교육 카테고리	자기계발, 자기관리, 진로
핵심 키워드	라이프 플랜, 인생 계획
핵심 메시지	• 인생을 장기적으로 봐라 • 미래의 후반부부터 라이프 플랜을 세워라 • 서핑에서 배우는 삶의 철학 **TIP.** 핵심 메시지는 처음에 여러 가지 잡아 두고 콘셉트 때 정리해도 괜찮습니다.

기획자의 경험

콘텐츠 기획 3단계 - 콘셉트를 확장하라

콘셉트 설계

　2단계까지의 작업을 마치면 제목과 방향이 정해진다. 이어지는 작업은 콘셉트 확장이다. 이 단계에서 필요한 것은 자신의 지식과 경험을 최대한으로 끄집어내는 것이다. 이를 위해 마인드맵 작업을 한다면 한 장이 아니라 여러 장으로 하는 것이 좋다. 마인드맵으로 개요적인 것들부터 시작해서 아이디어, 시장조사, 세부 콘셉트, 각 키워드별 아이디어 등 생각이 떠오르는 대로 작업을 해보도록 한다. 이러한 작업을 하면 교육 콘텐츠의 세부 구성에 대한 방향이 잡히기 시작한다.

 마인드맵 가지

마인드맵의 가지를 어떻게 정할지 고민일 때 다음과 같이 작업을 해 준다.

❶ 교육 모듈에 따라 가지 구성 예) 모듈 1 / 모듈2/ 모듈 3 / 모듈 4
❷ 스토리의 흐름에 따라 작업 예) 오프닝 / 본론 1 / 본론 2 / 본론 3 / 결론
❸ 아이디어로 떠오른 단어들로 작업. 이때 이 단어들은 소주제들이 될 수 있다.
　예) 꿈, 비전, 목표 등
❹ 마인드맵의 특정 가지의 주제가 많이 확장될 때 → 그 가지에 대한 마인드맵을 따로 그려 본다.

　마인드맵과 만다라트의 작업을 호환해 가면서 작업을 해 주는 것도

좋다. 마인드맵 작업을 마친 뒤 만다라트로 정리해 주는 것이 더욱 효과적이다. 왜냐하면 모듈의 작업에 가장 흡사하게 연결되는 것이 만다라트이기 때문이다.

3단계 콘셉트 설계　　핵심 메시지로 콘셉트 확장하기

마인드맵

가운데 원에 교육 제목을 적는다. 다음에 대가지를 그리고 오른쪽 위에서 시작한다. 연습을 할 때는 기본적으로 오프닝 / 본론 / 클로징 순으로 기록한다.

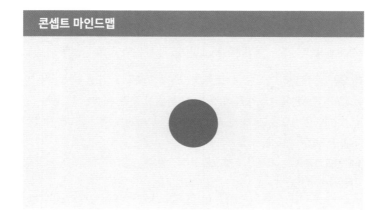

콘셉트 마인드맵

마인드맵을 작성하다 보면 오히려 생각이 꼬여버리는 수가 있다. 나도 마인드맵 작업을 할 때 이미 그리고 난 뒤 다른 아이디어가 떠올라 순서가 바뀌기도 했다. 걱정하지 않아도 된다. 마인드맵은 많이 그릴수록 실력이 좋아지고 내용도 좋아진다. 연습장이라 생각하고 다시 새롭게 그리면 된다. 개인적으로는 하나의 교육을 위해서 마인드맵을 최소 10장 이상을 그린다. 중간에 생각이 막힐 때마다 마인드맵으로 생각을 정리하고 작업한다. 마인드맵의 작업은 어디까지나 '과정'이다. 과정에 너무 부담 가질 필요는 없다.

콘셉트 만다라트

마인드맵이나 만다라트를 하나만 만들어도 상관이 없다. 콘셉트의 단계에서는 다양한 사고법으로 많은 콘셉트의 정보를 정리하고 지식과 경험들을 정리해 주는 것이 효과적이다. 콘셉트 만다라트는 콘셉트의 내용을 논리에 맞게 한 장으로 잘 정리해 주는 장점이 있다. 마인드맵을 마친 후 만다라트로 정리하는 과정에서 전체적인 교육의 구조를 정리해 낼 수 있다.

콘셉트 만다라트

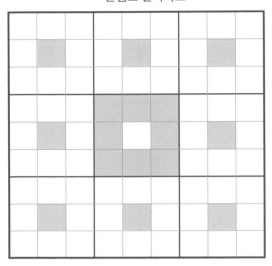

만다라트를 채우다가 비워지는 부분이 있다면, 그 부분의 키워드를 책이나 인터넷 서칭을 통해 얻은 자료에 대한 아이디어로 채워보는 것도 도움이 된다. 만다라트를 하면 각 부분의 교육 내용들의 전체 균형이 잘 이루어졌는지 체크해 볼 수 있다.

마인드맵 사례

마인드맵은 경험을 끄집어내는 데 매우 효과적인 도구이다. 또한 흥미롭기도 하다. 나 역시 마인드맵으로 작업을 하는 일이 재미있다. 때로 마인드맵이 딱딱하게 느껴진다면, 마인드맵에 이미지나 색을 칠해 보는 것도 괜찮다. 자신의 생각들을 자유롭게 끄집어내는 마인드맵이기에 자유롭게 작업하면 된다. 자유롭게 해야만 마음속 생각들을 효과적으로 정리할 수 있다.

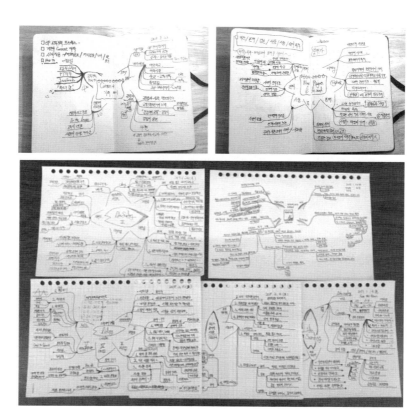

《라이프서핑》교육을 개발할 때의 사용했던 마인드맵 사례

콘텐츠 기획 4단계 - 자신의 경험과 지식을 모듈화하라

교육 모듈화

　마인드맵과 만다라트를 통해 콘셉트가 어느 정도 나오면 이것을 교육 모듈로 만들어 줄 필요가 있다. 교육 모듈은 각 항목에 대한 이해가 우선되어야 한다. 항목을 이해하면서 구성을 해나가면 된다.

　교육 설계에는 교육 진행에 대한 모든 것이 들어가 있어야 하며, 기획자는 이것을 보고 전략적으로 활용할 수 있어야 한다. 즉 콘텐츠와 시간뿐 아니라 그 속에 들어 있는 세부적인 내용까지도 효과적으로 활용할 수 있도록 만들어 주어야 한다.

　교육 설계는 개인이 혼자 작업해도 무방하지만, 팀으로 하면 더 좋다. 여러 사람이 함께 전략들을 구현하다면 효과를 더 높일 수 있다. 이러한 교육 설계 형식은 교육 기획뿐 아니라 행사나 이벤트 기획 등 다양하게 확장해서 활용하는 것이 가능하다.

　업무에 활용하는 교육 설계의 양식은 사실 더 복잡하다. 복잡하게 보여도 다양한 부분에서 관리가 용이하다. 교육 설계를 하다 보면 시간이 지날수록, 현장에서 활용할수록 자신의 업무에 맞게 필요한 카테고리들이 생겨나기 마련이다. 그렇기에 필요한 부분들을 추가해 나가면서 교육 설계 양식을 자신에게 맞게 만들어 가는 것을 권장한다.

💡 모듈의 구성 요소

❶ 교육명(교육 제목) / 교육 목적 / 교육 목표

교육 제목과 방향에 대한 부분이다. 교육 목적은 전체의 방향을 제시하고, 교육 목표는 각 부분의 목표를 나타낸다.

❷ 교육 모듈

교육명에 따라 모듈을 크게 나누어 준다. 훈련이기에 4개의 모듈로 쪼개어 본다. 모듈을 생각할 때는 독립적이되 다른 모듈과 호환이 가능해야 한다. 각 모듈을 바라볼 때는 각각의 모듈의 목표가 독립적인지를 확인해 준다

❸ 소제목 / 세부 내용 및 시간

모듈명이 정해지고 나면 거기에 맞춘 소제목과 세부 내용들을 기록해 나간다. 이때 많이 당혹스럽게 하는 것이 마인드맵의 내용을 옮겨 적는 과정에서 모듈이 차곡차곡 채워지지 않는다는 것이다. 어떤 것은 양이 많고, 어떤 것은 적은 것도 있을 것이다. 이러한 일이 생기는 것이 교육 설계가 필요한 이유이다. 모듈을 정리해 나가는 과정에서 교육은 정교해지고, 명확한 교육의 길을 보여주게 된다. 모든 세부 내용이 구성된 다음 시간을 배분한다. 시간을 측정하는 과정에서 내용의 구성과 양이 다시 수정되기도 한다.

❹ 교육 진행 방식

교육 진행 방식은 크게 온라인 및 오프라인 교육으로 나뉜다. 진행되는 형태에 따라 강의 / 토론 / 실습 / 체험 / 영상 시청 등으로 교육 진행 방식을 설정할 수 있다. 교육 설계에 풀어 놓고 보면 어떤 방식이 효과적인 알 수 있게 된다.

❺ 참고자료 - PPT 이미지 / 영상 / 음악 / 도서명 / 기사명 /기타

모듈의 마지막에는 활용할 자료들이나 참고하면 좋은 자료들을 함께 구성해 준다.

교육 모듈화   **교육 모듈 설계하기**

모듈을 설계하기 전 교육명과 교육 목적 교육 목표를 기록한다. 교육 목표는 결과로 기대되는 것들을 기록하면 된다. 교육 모듈의 목표들을 기록해 주는 것도 효과적이다.

교육 목표는 3~5개 정도 기록한다. 너무 많으면 교육의 방향이 흐려질 가능성이 있다.

①

교육명	
교육 목적	
교육 목표	· · · ·

교육명 _ 교육의 제목

교육 목적 _ 교육에서 핵심적으로 다룰 내용으로, 핵심 메시지이다.

교육 목표 _ 교육에서 전달하거나 결과물로 나와야 하는 것들인데, 이것은 유형의 결과물뿐 아니라 사고와 인식의 변화도 포함된다.

모듈명	소제목 (콘셉트 단위)	시간	세부 내용 (PT에 들어갈 내용 요약)	구성 요소
시간 합계				

Tip. 교육 설계를 마무리한 다음 PPT 작업을 마음속으로 그려보면 효과적이다. 마무리한 교육 설계의 내용이 그대로 PPT로 만들어지기 때문이다. 나는 교육 설계를 마친 뒤 PPT의 이미지가 확실하게 그려질 때까지 PPT 작업을 하지 않는다. 그래서 시간이 오래 걸리기는 하지만, 이미지화에 시간을 투자하지 않고 넘어갔을 때 PPT 작업에서 그 이상의 시간이 소요되기 때문이다. 교육 설계가 잘 마무리되면 PPT 작업이 매우 빠르고 효과적으로 진행되는 것을 여러 번 경험했다.

교육 모듈 사례

라이프 서핑 모듈 설계

모듈명	소제목 (콘셉트 단위)	시간	세부 내용 (PT에 들어갈 내용 요약)	구성 요소
오프닝	서핑의 경험	5	• 서핑 소개 및 개념의 소개 • 개인의 서핑의 경험 전달	영상) 서핑 영상
패들링	두려움을 넘어라	3	• 사회 초년기 시절의 두려움 • 내면 아이를 치유하는 방법들	
	내면 아이	5	• 상처받은 내면 아이 • 파도를 넘는 노하우들	책) 자기 사랑 노트
	인생의 멘토	3	• 역경을 넘어갈 때 필요한 사람들	
	워크숍 1	15	• 과거 속 나의 정체성 찾기 • 5분 작성 15분 조별 토론	책) 감정혁명
라인업	꿈을 기다려라	2	• 자신만의 파도를 기다리며 • 언젠가 나의 기회가 찾아온다	
	먼 미래를 봐라	5	• 꿈은 씨앗을 심는 것 • 꿈은 먼 곳에서 오는 것	영상) 나무를 심는 사람들
	남을 의식하지 않기	5	• 국왕을 기다리는 한 귀족 이야기 • 한국의 남 의식하는 문화들	
	워크숍 2	20	• 미래의 꿈 리스트 5가지 작성 • 짝 토론으로 진행	존 고다드 사례 이수영 사례
테이크 업	자신감 = 자기 확신	5	• 미래의 나를 그려내는 것 • 미래의 내가 말해 주는 지금의 나	
	실패해도 또다시	5	• 실패는 디딤돌이다	
	워크숍 3	20	• 자신의 약점을 강점으로 전환하기	
라이딩	강점을 찾아라	5	• 자신만의 강점으로 경쟁하라	
	생각의 방향	5	• 생각의 방향이 꿈의 방향을 정한다	
	워크숍 4	15	• 3가지 직업 방향 정하기 • 전체 발표	
클로징	삶의 의미를 찾아서	2	• 빙산의 일각 스토리 • 서퍼의 영상	영상) 프로서핑 감상
	시간 합계	120		

교육 모듈은 엑셀로 작업하는 것이 용이하며, 자신에 맞게 만들어 쓰는 것이 좋다. 교육을 만들다 보면 생각할 것들과 다뤄야 할 것들이 더 많이 보이기 때문이다. 경험이 많아질수록 모듈에서 더 섬세하고 디테일한 부분까지 다룰 수 있게 된다.

기획자의 경험

콘텐츠 기획 5단계 - PPT로 이미지를 구현하라

프로토타입의 이해

미국 실리콘밸리에 '아이데오'라는 회사가 있다. 세계에서 가장 유명한 디자인 기업으로, '혁신의 대학교'라고 불린다. 이 회사의 고객사는 애플, 삼성, 구글, 페이스북 등 전 세계적으로 유명한 대기업들이다.

아이데오는 혁신의 디자인으로 세계의 디자인을 이끌어가고 있다. 이 기업에서 혁신적인 디자인이 나올 수 있는 비결은 무엇일까? 그것은 바로 차별화된 방식의 '프로토타입'이다. 프로토타입이란 '시험모형'이다. 머릿속의 생각을 실물을 구현한 후 개선을 통해서 제품을 만들어가는 것이다.

프로토타입에서 중요한 개념은 '구현'이다. 아이디어들이 제작되는 과정에서 사람들은 문제가 무엇인지 혹은 더 좋은 방향은 무엇인지 모르는 경우가 있다. 완성되고 나서야 부족한 점들과 더 나은 점들을 발견하기 마련이다. 더 나은 점이라면 크게 문제될 것 없겠지만 부족한 점은 큰 문제다. 이 문제에 부딪히지 않으려면 프로토타입이 필요하다. 프로토타입에서 '스피드' 있게 가상의 모형을 만들어 테스트 한 뒤 제품의 완성도를 높여야 한다.

자동차 회사에서도 차를 제작·생산하기 전에 콘셉트 카를 만들어 시험해 본 뒤 문제점들을 보완해서 본격적인 생산에 들어간다고 한다. 바람직한 방식이다. 교육을 기획할 때도 마찬가지이다. 콘셉트에서 모듈

화를 아무리 잘한다 하더라도 PPT로 구현시켜 놓으면 무엇인가 어색한 부분이 생긴다. 생각과 현실 사이에 갭이 생긴 것이다. 기획이 완벽했다고 생각했는데 이런 일이 벌어지면 당혹스럽기 짝이 없다. 따라서 당혹스러운 순간을 맞이하지 않으려면 프로토타입을 통해 미리 문제점을 발견하는 것이 낫다. 더욱 탄탄하게 교육을 완성시키고 싶다면 프로토타입을 간과해서는 안 된다.

PPT 프로토타입의 3단계

교육 PPT를 만들 경우 보통 PPT 장수가 많아진다. 때문에 한 장 한 장 내용과 디자인을 정해 만들어 나가는 방식은 시간도 오래 걸리고, 만들어 나가는 과정 속에서 전체의 통일성을 맞추기도 힘들다. 개인적으로 오랫동안 PPT 작업을 하면서 얻은 노하우는 PPT 작업 시 제목과 소제목으로 전체 페이지를 1차 프로토타입으로 구현해 주는 것이다.

작업 순서는 다음과 같다.

기획자의 경험

💡 PPT 작업 순서

1단계 교육 모듈 → PPT 페이지 구성

교육 설계 모듈을 PPT로 옮기는 작업이다. 모듈명과 모듈의 세부 내용을 그대로 PPT에 옮긴다. 각 페이지를 그대로 구현해 주면 마치 회를 뜨고 난 뒤의 생선뼈처럼 구성될 것이다.

2단계 페이지 세부 내용 구성

PPT의 프로토타입 단계이다. PPT의 각 페이지에 내용을 구성해 준다. 이때 글자체, 글자 크기, 디자인, 사진 이런 부분에 대해서는 전혀 생각하지 않는 것이 좋다. 일단은 내용에만 집중한다.

각 페이지에서 모듈의 흐름에 맞게 내용들이 얼라이먼트가 되었는지, 각 페이지의 개념들이 잘 구성되었는지를 확인하는 작업이다. 이 작업을 마친 후 다음 작업인 PPT 디자인 작업으로 넘어가야 한다. 만약 이 부분에서 문제가 있다면 디자인 작업을 하는 도중에도 다시 돌아와야 하기 때문이다.

3단계 PPT 디자인 작업

PPT를 본격적으로 디자인 해주기 시작한다. 각 페이지마다 메시지를 구성해 주고, 그 메시지가 가장 잘 표현될 수 있게 배치하고 연출한다. 모든 교육이 디자인되면, 교정 및 교열 작업에 들어간다. 다음으로 PPT 리허설과 애니메이션 작업을 한다.

개인적으로는 1단계와 2단계 작업을 하다가 디자인적인 심상이 떠오를 때가 있다. 이때는 바로 만들지 말고 간략히 메모만 해두는 것이 좋다. 아니면 간략한 이미지를 찾아서 PPT에 구현해 주고 다음 작업을 진행하는 것이 효과적이다. 단계별로 작업을 하는 것이 효과적이나 문득 떠오른 디자인적인 심상이 나중 디자인 작업을 할 때 도움이 되기 때문이다.

이와 같이 작업을 하는 것은 메시지와 내용 중심으로 디자인을 하기 위한 것이다. 간혹 디자인을 만들어 나가다 보면 디자인과 메시지 사이에 괴리가 생기는 경우가 있다. 가령 화려한 디자인인데 교육의 방향과는 다르게 느껴지는 것이다. 따라서 부분적인 디자인 작업은 되도록 권하지 않는다. 자칫 전체적인 방향을 놓칠 수 있기 때문이다.

Tip. 교육 PPT 아날로그 작업 방식

1	2	3	4
5	6	7	8
9	10	11	12
13	14	15	16

A4용지 한 장에 빈 배경을 16컷으로 출력한다. 각 페이지에 들어갈 내용에 대해 구성한다. 작업하는 도중 아이디어나 이미지가 떠오르는 것이 있다면 메모와 함께 빠르게 구성한다. 중요한 것은 스피드이다. 프로토타입의 목적은 전체의 그림을 빨리 그리는 것이다. 전체 내용을 빠르게

각 PPT 페이지에 구성한 다음 전체 그림을 빨리 그림으로써, 전체 메시지를 어떻게 전달할 것인지 이미지화해 보는 것이다. 이렇게 하면 PPT의 흐름 속에서 메시지를 효과적으로 만들어 낼 수 있다.

이 작업의 효과가 높은 이유는 각 페이지를 자유롭게 그릴 수도 있지만 무엇보다 전체를 한눈에 볼 수 있다는 장점 덕분이다. PPT의 순서에 대한 구성도 아날로그 작업을 하면서 바로 보고 수정할 수 있기에 매우 효과적이다.

5단계	PPT 설계	PPT 뼈대 만들기

교육 PPT 설계

오프닝			
핵심 메시지			
클로징			

콘텐츠 기획 6단계 - 자신을 연출하라

교육자의 정체성

"인생이란 너무나도 멋진 것이어서 나는 가만히 앉아 있을 수가 없어요. 어떻게 해서든지 그것을 사람들에게 이야기해 주고 싶어 견딜 수가 없습니다."

교육 관련 책에서 보았던 한 작가의 말이다. 그의 말처럼, 누군가에게 좋은 것을 전해주고 싶어 안달하는 교육자에게는 누구나 매혹될 수밖에 없다.

핵심 메시지가 자신의 삶에 녹아들어가 있고, 그 핵심 메시지가 사람을 변화시킨다면, 그것만큼 교육자를 기쁘게 만들어 주는 것은 없을 것이다. 교육자는 자신의 정체성을 분명히 깨닫고 늘 열정에 불타오를 것이다.

교육자라면 자신만의 정체성을 찾아보기 바란다. 정체성을 찾는 방식은 여러 가지이다. 분위기일 수도 있고, 진행 방식일 수도 있고, 커뮤니케이션 방식 혹은 지식의 전달 방식일 수도 있다. 강의를 하면서 남의 모습을 흉내 내기보다 자신만의 모습을 찾아나가는 방향으로 가야 한다. 그래야만 장기적으로 볼 때 유익하다. 교육생들은 교육자의 목소리와 스타일에서도 교육을 기억한다.

204   기획자의 경험

교육 현장에서 자기 자신을 준비하라

미국의 재즈 아티스트이자 강연가인 고故 레스 브라운은 이렇게 말했다.

> "출발하기 위해 위대해질 필요는 없지만 위대해지려면 출발부터 해야 한다."

나는 이 말이 교육자가 깊이 새겨들어야 할 말이라고 생각한다. 교육자가 되기 위해서 위대해질 필요는 없다. 위대한 교육자가 되기 위해서는 출발을 해야 한다. 교육자에게 출발이란 교육 현장에 서는 것이다.

교육 현장은 배우의 무대와도 같다. 무대는 배우의 꿈이 이루어지는 곳이다. 교육 현장은 교육자에게 꿈의 무대가 되어야 한다. 그 무대에 서서 자신의 꿈을 이루고, 나아가 교육을 받는 이들이 꿈을 꿀 수 있게 만들어 주어야 한다. 교육자의 경험이 단 한 명이라도 변화시킬 수 있다면 그 무대는 의미 있는 곳이 된다. 교육 현장은 꿈을 펼치는 곳이다. 두려움을 가질 필요는 없다. 부담도 내려놓아야 한다.

교육을 진행하기 전 긴장과 불안이 찾아오기 마련이다. 대체로 두 가지 이유 때문이다. 무엇인가 빠뜨릴 것 같은 마음 그리고 무대 위에서 실수를 저지를 것 같은 마음. 이 두 개의 마음으로 인해 강사는 마음이 분주해진다. 이러한 마음을 다스리려면 자신의 강의 외적인 부분은 물론 내적인 부분도 컨트롤해야 한다. 그래서 준비가 필요하다. 준비가 철저하면 마음은 요동치지 않는다.

교육자의 외면과 내면

외면	체크리스트, 복장, 강의 준비, 현장 체크 등…
내면	마인드컨트롤, 겸손함, 훈련, 목적의식, 비전, 희망, 사랑 등…

❶ 외적인 부분의 준비 - '환경을 체크리스트화 하라'

외적으로 준비해야 할 것은 환경적인 부분이다. 강의 준비, PPT, 동영상, 자리 배치 등 눈에 보이는 요소들이 이에 속한다. 이들을 다루려면 체크리스트를 활용하는 것이 좋다. 교육의 현장에서 전체적인 준비에 대한 것은 교육을 진행하기 전 빠르게 체크하고 잊어야 한다. 그러지 않으면 교육에 몰입하기가 어려워진다. 빠른 체크를 도와주는 것이 체크리스트이다. 체크리스트로 준비 상황을 체크하면 교육의 본질적인 부분에 더 집중할 수 있다.

❷ 내면을 준비하는 것 - '현장에서의 자기 자신을 완성시키는 것'

강의에 익숙하지 않거나 강의를 시작한 지 얼마 안 된 교육자들은 강의 며칠 전부터 걱정에 잠긴다. 나도 그랬다. 또한 많은 사람들이 그런 걱정에 빠져 있는 모습을 발견했다. 심지어 강의를 자주 하는 사람인데 새로운 공간에서 강의할 때마다 울렁증이 생긴다는 말도 들었다. 내면의 준비가 부족한 탓이다. 강의를 하기 전 외면의 준비뿐만 아니라 내면

기획자의 경험

의 준비도 단단히 챙겨야 한다. 그래야만 강의에 성공할 수 있는 확률이 매우 높아진다.

기본적으로 교육자는 교육 현장에 일찍 올수록 유리하다. 강의장에 익숙하면 익숙할수록 교육은 자연스러워지는 법이다. 아무리 말을 못하는 사람도 자신의 집에서는 말문이 트인다. 자신의 익숙한 공간이기 때문이다.

누구에게나 새로운 공간에서는 낯섦에 움츠러들어 자신을 잘 드러내지 못하게 되는 경향이 있다. 또한 현장에 급하게 도착할수록 급하게 챙겨야 하기에 마음이 분주해지는 것은 당연하다. 그런 상태에서는 양질의 강의를 기대하기 어렵다. 되도록 최소 30분 전에는 강의장에 도착할 것을 권한다. 여유 있게 강의장 분위기, 장비의 이상 유무 등을 확인하고, 스스로의 마음을 다스리며 준비하는 것이 효과적이다.

특히 강의를 하기 전에는 성공적인 강의를 위한 에너지를 만들어야 한다. 실제로 강사의 기운은 교육생들에게 큰 영향을 미친다. 그렇기에 자신의 컨디션을 최상으로 끌어올릴 필요가 있다. 자신감 없이, 성공의 확신 없이 강의에 임하면 교육생들이 알아서 등을 돌린다.

성공적인 강의를 위한 에너지를 만드는 방법이 있다. 자신과 비슷한 강사의 강의를 묵상하며 자신의 강의하는 모습을 이미지 트레이닝 하는 것이다. 물론 자기 자신을 강사의 모델로 삼아도 무방하다.

동기부여가 되는 책을 읽는 것도 좋은 방법이다. 묵상을 하든 책을 읽든 취향에 따라 자유롭게 선택하면 된다. 중요한 것은 자신에게 가장 효과적인 방법을 찾아 의식적으로 강의 전에 준비하는 것이다.

강규형 대표님께 배웠던 강의 전 노하우가 있다. 그것은 바로 강의 전에 명강사의 강의를 듣는 것이다. 컨디션이 좋지 않거나 자신감이 없을 때면 차에서 강의 CD로 명강사들의 강의를 통해 에너지를 받는 것이다. 그 과정에서 강의에 대한 확신과 자신감을 갖게 된다. 나 또한 교육 때마다 늘 떨리지만 명강사의 자신감 넘치는 목소리를 들으면 힘이 솟고 영감도 솟는다. 삶의 의미도 되새기게 된다. 그런 시간을 가진 뒤 교육생들 앞에 서면 자신감 있게 강의를 하는 나를 발견하게 된다.

명강사들에게는 자신만의 에너지를 모으는 방법이 있다. 무대에서 떨리는 것은 누구나 마찬가지이다. 잘 극복하느냐의 차이다. 명강사들은 자신만의 방법으로 떨림과 두려움을 멋지게 극복한 사람들이다.

마지막까지 집중해야 할 교육의 목적

교육자들은 대개 교안이나 PPT를 준비한다. 그리고 거기에 맞춰 강의를 암기하려 한다. 교육이 시작되기 전에 내용에 대해 충분히 숙지를 해야 하는 것은 맞지만, 교육은 머리로 암기하는 것이 아니다. 마음으로 암기하는 것이다. 그래야 춤을 추듯 강의가 자연스럽게 풀리게 된다.

머리로 암기하는 것은 PPT 중심으로 텍스트를 외우는 것이다. 하지만 마음으로 암기하는 것은 PPT를 통해 교육생들에게 전달할 핵심 메시지의 커뮤니케이션을 그려보는 것이다. 우리의 교육이 기억에서 나온다면 기계적인 교육이 되지만 마음에서 나온다면 살아 있는 교육이 된다. 교육에서 빛을 발한다. 교육생들은 적어도 교육자의 열정과 진정성을 느낄 수는 있을 것이다. 그것을 느낀다는 것만으로도 교육은 실패하지 않는다.

기획자의 경험

생각의 순서를 정리하라

인생에 대해 무엇인가 배울 수 있었던 뜻 있는 경험을 과거 속에서 찾아내어 그런 경험에서 솟아난 당신의 사상, 당신의 아이디어, 당신의 신념을 정리하라. 참된 준비란 당신이 말하려고 생각하고 있는 주제에 대해서 냉철하게 생각을 가다듬는 것을 의미한다.

- 데일 카네기

교육자는 강의를 준비하면서 자신의 생각들을 정리해야 한다. 생각은 많이 할수록 심플해진다. 아무리 긴 강의라 할지라도 그것을 자주 보고 연습하면 하나의 메시지처럼 머릿속에 정리가 되고 순서가 정해지게 된다. 그렇기에 강의 시작 전에 핵심 메시지가 교육생에게 어떻게 변화를 일으킬 것인가에 집중하며 생각을 냉철하게 가다듬어야 한다. 내용 암기가 중요한 것이 아니다. 또한 긴 강의일수록 핵심 메시지를 하나의 덩어리로 만들어 생각을 정리하는 것이 필요하다.

교육을 다음과 같이 크게 3단계로 나누어 생각할 수 있다. 각 단계의 각 목적에 집중할 때 효과적인 교육을 이끌어낼 수 있다.

강의 초반 5분		강의 중반		강의 후반
동기부여 & 라포 형성	→	핵심 메시지	→	핵심 재확인 & 변화 제안

강의 초반 5분 안에

강의를 시작하고 초반 5분이 중요하다. 초반에 교육생들의 동의를 얻어내느냐 내지 못하느냐가 교육의 성과에 많은 영향을 미친다. 교육생들의 마음이 열리지 않으면 교육을 하는 강사도 힘이 빠진다. 물론 이유도 없이(교육생 입장에서) 교육을 듣는 교육생도 고통스럽다. 그렇기 때문에 강사들이 가장 중요하게 생각하는 포인트도 바로 이 부분이다. 초반에 열리지 않는 마음은 강의가 진행되는 내내 열리지 않을 가능성이 크다.

초반의 몰입을 위해 강의 스팟(동기부여 스킬), 동영상, 선물주기, 게임 등 다양한 방법이 소개되고 있지만, 가장 좋은 방법은 Why를 제시해 주는 것이다. 교육생들은 왜 이 강의를 들어야 하는가?

> 어떤 논쟁으로 시작해서, 찬성자를 얻어 승리하기 위해서 내가 택한 방식은 먼저 누구나 동의할 수 있는 공통의 진리를 발견하는 것입니다.
>
> - 링컨

미국의 제16대 대통령 링컨은 커뮤니케이션을 잘하기로 유명했다. 링컨은 상대를 설득하기 위해 자신의 입장을 먼저 내세우지 않았다. 상대의 입장에서 함께 나눌 수 있는 공통의 것을 찾아냈다. 링컨의 자세는 교육자가 새겨야 할 교훈이다. 강의 초반, 교육자는 교육생의 입장에서 함께 나눌 공통의 진리를 찾아야 한다. 교육생이 어른이든, 아이이든, 주부, 직장인, CEO든 상관없이 이들이 왜 이 강의를 들어야 하는지 각인시켜야 한다. 더불어 강사가 어떤 자격으로 이 강의를 하는지 설득하며 강의에 집중할 수 있게 만들어야 한다.

　Why의 효율을 높이는 방법 중 하나는 교육자와 교육생의 공통분모를 만들어 내는 것이다. 이를 위해 강사는 자신의 경험, 인생 스토리 중에서 교육생들이 공감할 만한 소재를 활용하면 좋다. 초등학생부터 어른까지 모든 교육생에게 효과가 있다..

　강의 초반은 교육생들이 강의의 결과를 그려볼 수 있게 유도하는 시간이다. 이 교육은 왜 만들어졌는지, 이것이 여러분을 어떤 길로 어떻게 이끌어 줄 것인지 등을 진정성 있게 호소하는 시간이다. 그 호소가 통하려면 교육자 스스로가 강의에 전력을 쏟아야 하며, 진심으로 다가가야 한다. Why에 확신해야 한다. 그것이 교육생들의 마음을 여는 열쇠이다.

　명강사들이 강의 5분을 어떻게 강의하는지 잘 살펴보자. 분명 무엇인가 교육생들에게 강력하게 제시하는 것이 있을 것이다. 이러한 강의 기술을 배워두면 매우 큰 효과를 볼 것이다.

강의의 안전권에 빠르게 도달하라

　강사도 강의의 내용에 몰입하고, 교육생들도 강의에 몰입하게 되는 타이밍이 있다. 강의에 따라 어느 한쪽만 몰입할 수도 있고, 둘 다 몰입하지 않을 수도 있다. 그런데 중요한 것은 어떠한 경우든 강사가 몰입하기 전에는 교육생은 몰입하지 않는다는 사실이다. 강사부터 몰입으로 들어가야만 교육생들도 빨려들어온다.

　타인의 마음을 사로잡기 전에 먼저 자기 자신의 마음을 사로잡아야 한다. 교육의 핵심 메시지에 몰입해서 그것을 제시할 때 교육생의 마음에는 동의가 일어난다. 함께 몰입으로 들어가게 된다. 주의할 점은 이 과정이 복잡해서는 안 된다. 심플하게 이루어져야 한다.

교육에서의 몰입은 마치 로켓을 궤도 위로 올리는 것과 비슷하다. 로켓은 궤도 안으로 들어갈 때까지는 어마어마한 힘이 들지만 궤도 안에 들어가면 어떠한 힘 없이 자연스럽게 움직인다. 강의에 몰입해 나가는 과정도 이와 비슷하다. 강의 초반에 서로를 이해하고 맞추는 과정이 필요한데, 이 과정에는 에너지가 소모된다. 하지만 그 과정을 마치면 자연스럽게 소통하며 서로 강의를 즐길 수 있게 된다. 강의 중반이 핵심 메시지로만 채워지게 된다. 교육자와 교육생이 함께 몰입한 채 핵심 메시지를 주고받는다.

강의 마무리

강의의 마무리에 들어서면서 집중해야 할 점은 두 가지이다. 핵심 메시지의 재확인 그리고 변화에 대한 제안이다. 핵심 메시지의 재확인을 변화의 제안으로 연결해야 한다. 이때 구체적인 변화의 과정을 교육생 스스로 동의할 수 있도록 제안해야 한다. 교육을 통해 만약 변화로 이끌어 내지 못했다면 그것은 교육 전체의 목적을 달성하지 못하는 것이다. 사실 교육자들은 이것을 잘 알고 있다. 그렇지만 쉽지가 않고, 그래서 고민한다.

그래도 시도할 수 있는 것이 있다. 변화에 대한 과정을 이해하는 것이다. 사람이 변화를 일으키기 위해서는 생각으로 정리가 되어야 한다. 생각으로 정리되지 않은 상태에서는 절대 스스로 행동하지 않는다. 교육자는 교육생들에게 행동을 호소하기 전에 먼저 생각의 정리를 해 주어야 한다. 생각의 정리를 통해 교육생의 행동을 변화시킬 수 있다. 이 과정을 교육자는 명심하기를 바란다.

6단계	강의 준비	강의 준비하기

강의의 모든 것이 마무리되고 난 뒤 다음의 페이지를 간략히 스케치해 보며 핵심을 정리해 본다.

오프닝 _ 시작 전 교육생의 관심을 끌 수 있는 것은?

본론 _ 각 모듈별 핵심 메시지의 내용은?

결론 _ 교육의 전체의 내용을 재확인하며 인상적인 마무리는?

위의 내용을 가지고 아래의 표를 채워 본다. 그리고 전체의 내용을 떠올려 본다. 이것이 명확하게 한 덩어리로 자연스럽게 연결될 때까지 생각한다. 모듈을 확인해 보면서 키워드 중심으로 전체의 그림이 그려질 수 있도록 머리와 마음속에 새겨 넣는 것이 중요하다. 이 과정이 잘 정리될수록 강의 현장에서 자연스럽게 강의가 '연출'된다.

오프닝 전략 (시작 5분)	
본론 (핵심 메시지 키워드)	
클로징 전략 (마무리 스토리)	

기획자의 경험

"기획자들의 경험들을 연결하라"

최고의 기획은 어디에서 나오는 것일까?

'겸손'이다. 젊은 시절 책을 보며 기획을 할 때, 많은 지식이 있으면 최고의 기획자가 될 수 있으리라 생각하였다. 그렇기에 완벽해지기 위해 노력했지만 그때마다 나 자신의 한계를 뼈저리게 느꼈다. 그리고 기획이 무척이나 고된 작업이었고 지쳤다.

시간이 지나며 나에 대해 내려놓으며 최고의 기획이란 최고의 경험들을 연결하는 것임을 깨달았다. 그것은 사람일 수도 있고, 또 책일 수도 있다. 또 자연일 수 있고, 보이지 않는 감정일 수도 있다. 모든 것을 연결하며 배우려고 시도하는 것이다. 겸손한 마음은 많은 사람들의 경험을 담을 수 있고 연결할 수 있다. 또한 함께하는 이들을 기쁘게 해 줄 수 있다. '내' 것이 아니고 '우리'의 것이기 때문이다. 우리가 하는 기획은 각자의 꿈이 담겨 있는 기획이 되었으면 좋겠다.

또한 내가 받은 소중한 경험들을 눈덩이처럼 더 굴려 다음 세대에게 더 좋은 경험으로 남겨 주었으면 한다. 기획자들의 경험들이 더해질수록 우리가 살고 있는 세상이 더 나아졌으면 좋겠다.

3P자기경영연구소에서 자기경영을 배우며 바인더를 배웠다. 지금은 내 업무와 삶에 대한 바인더가 500권 정도 있다. 내 일과 기획들은 명문화되어 누구에게도 전파 가능하다. 후임자나 일에 대해 물어 보면 바인더를 전해 주면 쉽게 이해하고 일을 해낸다.

저자의 집 서재

항상 이사 때면 책을 옮기는 것이 문제이다. 좋은 책이 있다면 무조건 산다. 그리고 기분이 우울하면 서점에서 책을 사면 기분이 나아지기도 한다. 사람으로 만나면 좋겠지만 그러지 못하기에 책으로 만난다. 책은 나를 위해 아주 자세하게 써 놓았다. 기획을 하며 그 답을 해결해 주는 책을 만나는 것은 사막에서 샘을 만나는 것과 같다.

기획자의 경험

경진건 대표님

경영에 대해 막막할 때마다 많은 영감을 받
고 경영자로서의 마인드에 대한 부분도 배울
수 있었다. 삶의 따뜻한 멘토이자 동반자같
이 격려해 주셨다. 경진건 대표님의 경영 교
육은 어려울 때도 있지만 성과를 위한 정직
한 경영의 성공 원리들이었다.

원동연 박사님

원동연 박사님을 볼 때면 교육자가 어떻게
살아야 하는지 배울 수 있다. 5차원 전면교육
이라는 교육법을 개발하고 지금까지 한국뿐
아니라 세계에 전파하고 있다. 항상 만날 때
마다 많은 위로가 되고 힘이 된다.

이인희 선생님

3P연구소에서 처음으로 맡게 된 교육 설계가 이인희 선생님과 함께 한 '보물찾기' 초
등 프로그램이었다. 교육은 교육자를 반영한다. 보물찾기는 아이들을 향해 있고, 아
이들의 웃음과 희망을 불러일으킨다. 이인희 선생님은 아이들의 원하는 선생님이었
고 내가 본 선생님 중의 최고의 선생님이었다.

심정섭 선생님

편입 시절 만나 대학 시절과 직장인 초기까지 멘토링을 받으며 훈련받았다. 매년 필리핀 '비전트립'을 돕기도 하였다. 생각이 논리적이고, 남들이 하지 않는 생각으로 많은 사람들에게 인사이트를 주신다. 지식과 경험에 비해 겸손하시며 중심이 바르고 정직하신 모습들을 보며 옆에서 많은 배움을 얻을 수 있었다. 또한 아낌없이 나누어 주시고 지원해 주셨던 것들에 감사드린다.

강규형 대표님

강규형 대표님은 2010년 독서모임을 통해 알게 되었다. 그리고 2012년 대표님의 회사인 3P자기경영연구소에서 교육 기획자로 일을 시작하였다. 항상 탁월함을 주문하시며 그 사람의 재능 이상으로 끌어올리고 동기부여하시며 사람들을 성장시키신다. 때론 많이 힘들지만 그것은 시간이 지난 후 많은 감사로 남는다.

기획자의 경험

강규형 대표님의 사모님이신 류경희 이사님

3P자기경영연구소에서 가장 가깝게 일하며 많이 배웠다. 문제 해결에 탁월하며 항상 긍정적으로 이끌어 주시는 어머니와 같은 분이시다. 기획에도 탁월하시며 많은 문제 해결 법들을 옆에서 보고 배울 수 있었다.

3P자기경영연구소

기획이 혼자만의 것이라면 행복할 수 있을까? 나만 생각하는 것은 내가 편할 것 같지만 사실 그렇지 않다. 때론 힘들더라도 함께할 수 있는 사람이 있다는 것이 의미 있고 행복한 것이다. 공동의 목표를 향하여 선한 영향력을 위해 함께 외친다.
" 우리가 하는 일의 열매는 다른 사람의 나무에서 열린다.!!!"

지혜 있는 자는 하늘의 궁창의 빛과 같이 빛날 것이요.

많은 사람을 옳은 데로 돌아오게 한 자는 별과 같이 영원토록 빛나리라

- 다니엘 12장 3절

《기획자의 경험》을 준비하며 묵상했던 성경 구절이다. 여기서 '빛나다'라는 단어의 히브리어 원어는 'Zahar'인데, 이것은 '영감을 주다'라는 뜻을 가지고 있다고 한다. 나는 누구에게나 주어진 사명이 있다고 믿는다. 그것은 자신의 경험과 지식으로 누군가에게 선한 영향력을 미치는 것이다.

자신의 삶이, 지나온 경험들이 누군가에게 빛이 되고 영감을 불러일으킬 수 있다. 어쩌면 가장 바닥을 찍었던 인생이라 할지라도 어떤 이에게는 밝은 빛이 될 수도 있다.

나는 최고의 교육을 받은 기억이 없다. 하지만 내 인생 최고의 경험을 할 수 있는 기회들을 교육을 통해 만났다. 대안학교, 댄스팀, 영화 연출, 해외 여행, 심지어 방황과 슬픔까지, 시간이 지난 뒤 그것들은 내게 큰 의미로 다가왔다. 기획을 할 수 있는 영감을 불러일으켰다.

그 누구의 삶도 기계처럼 정형화되지는 않았다. 하나님은 우리를 하나하나 특별하게 핸드메이드로 만드셨다. 그러므로 우리는 남들을 따라갈 것이 아니라, 가슴속 각자의 울림을 따라가야 한다. 그 여정 속에서의 경험들이 다음 세대에게 새로운 시작을 만들어 줄 것이다. 나는 그렇게 확신한다. 우리의 삶은 다음 세대에 빛이 되어 주리라.

책 쓰기가 끝날 무렵 교회에서 기도하며 들었던 찬양이 있다. 그 찬양이 마음속에 큰 울림을 주었다. 교육 기획자들의 노래가 되었으면 하는 바람으로 소개하고 싶다.

삶의 작은 일에도

삶의 작은 일에도 그 마음을 알기 원하네
그 길, 그 좁은 길로 가기 원해
나의 작음을 알고 그분의 크심을 알며
소망 그 깊은 길로 가기 원하네

저 높이 솟은 산이 되기보다 여기 오름직한 동산이 되길
내 가는 길만 비추기보다는 누군가의 길을 비춰 준다면
내가 노래하듯이 또 내가 얘기하듯이 살길,
난 그렇게 죽기 원하네

삶의 한 절이라도 그분을 닮기 원하네
사랑, 그 높은 길로 가기 원하네

교육 기획자들에게 가장 중요한 것은 마음을 담는 일이라 생각한다. 상대의 마음, 상대를 향한 자신의 마음을 담아내는 기획이야말로 가장 가치 있고 의미 있는 기획이라 믿는다. 교육 기획은 사람을 변화시킨다. 꿈과 자유를 준다.

교육자가 자신을 낮추면 상대는 높아진다. 반대로 자신을 높이면 상대는 낮아진다. 교육자라면 자신을 낮출 것인가 높일 것인가. 부디 상대를 높여서 그가 교육자의 어깨 위에서 더 멀리 볼 수 있도록 도와주기를 바란다. 우리의 마지막 계단이 다음 세대의 첫 계단이 되길 바란다.《기획자의 경험》이 그 계단이 되리라 기대해 본다.

책을 마무리하며 내 삶의 최고의 기획자이신 하나님께 감사드린다. 지나온 시간들을 돌아보면 이 모든 경험들이 하나님의 은혜 속에 이루어진 것임을 깨닫게 된다.

3P자기경영연구소에서 부족한 나를 믿어주고 일을 맡기고 훈련시켜주신 강규형 대표님과 류경희 이사님께 감사드린다. 이곳에서 많은 경험을 할 수 있었다. 무엇보다 좋은 동료들을 만날 수 있어 행복했었다. 이 지면을 통해서라도 감사의 말을 전하고 싶다.

항상 이모처럼 아껴주시는 강나윤 실장님, 긍정적으로 사람을 편안하게 해주시는 유성환 팀장님, 사람들의 안식처가 되어주는 홍혜숙 이사님, 3P의 천사인 이상경 과장님, 아이디어 넘치는 이재덕 팀장님, 열정이 넘치는 장현주 코치님, 즉시 실천하는 물류팀의 원섭 코치, 따뜻한 마음과 섬세함을 가진 양시온 팀장, 묵묵히 곁에서 나의 부족함을 채워주는 전규현 코치, 수십 가지 일도 척척해내는 이현국 팀장, 똑 부러지게 일 잘하는 한선영 팀장, 항상 주위에 웃음과 즐거움을 주는 송예림 씨, 주어진 일에 최선을 다하는 조재희 씨, 예의 바르고 친절한 황인수 씨, CS의 귀여움을 담당하는 정예린 씨, 발랄한 조성윤 씨, 미소가 아름다운 송지원 님, 물류를 지원하는 김리, 홍월 님, 막 시작하는 김보선 씨와 이찬희 씨, 다음 세대를 교육하는 윤혜성 마스터, 독서팀을 지원하는 홍지숙 리더님 그리고 3P의 마스터분들과 코치분들께도 감사드린다. 함께할 수 있어 많은 일들을 이뤄낼 수 있었고, 성장할 수 있었다.

독서포럼나비의 이종현 전 회장님, 김의섭 전 회장님, 김도희 전 회장님, 현 회장이신 최원일 회장님께도 감사드린다. 독서포럼을 2년간 사랑과 섬김으로 이끌어주신 신경화 전 국장님을 비롯해 나비를 함께 섬겨주시는 운영진 모두에게도 감사드린다. 독서포럼나비는 나를 성장시킨 또 하나의 학교였다.

세인고등학교를 설립해주시고, 5차원 전면교육으로 교육자의 길을 가고 있는 원동연 박사님과 세인고 1기 선생님들께도 감사드린다.

대학시절 나에게 영어를 알려 주시고, 스터디 그룹을 만들어 주신 설행남 교수님, 타 학과임에도 자신의 학과처럼 아껴주시고 도움주신 서경희 교수님과 조우현 교수님께 깊은 감사를 드린다.

진정한 겸손과 진리를 가르쳐 주신 사랑하는 교회의 변승우 목사님과, 사랑과 섬김을 삶으로 가르쳐 주신 김옥경 목사님께도 감사드린다. 또한 현재의 청년부를 섬기시는 허작 목사님과 이전 담당이셨던 박상백 목사님께 감사드린다. 무엇보다 회사에서 교회로 인도해 주고 함께 신앙생활을 하는 홍혜숙 이사님, 이상경 과장님, 원섭 씨에게 감사드린다. 다니엘과 세 친구처럼 직장 생활에서 신앙 생활에서 많은 힘이 되었다. 또한 이들과 일터에서 크리스천이 모델이 되자는 다짐은 항상 나의 모습을 돌아보게 만들어 주었다.

편입 시절부터 함께해 주신 심정섭 선생님, 경영적인 조언을 주시는 경진건 대표님, 책을 쓰며 조언을 아끼지 않으시는 이은대 대표님, 《라이프 서핑》 때부터 응원을 아끼지 않으시는 백석대 최광렬 목사님, 보물찾기 개발 때부터 항상 응원주시는 이인희 선생님께도 감사드린다. 항상 격려해 주시고 응원해 주시는 윤옥초 대표님과 책이 나오기까지 노력해 주신 바이북스 직원분들께도 감사드린다. 이외에도 지면의 부족으로 싣지 못한 분들께도 감사를 전한다.

마지막으로 평생을 기도로 축복해 주신 부모님께 감사드린다.

부록

교육 기획 실전 워크숍

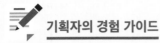

기획자의 경험 가이드

- 실무에 쓰이는 것은 더 복잡합니다. 이번 워크시트는 기본적인 뼈대를 잡는 것을 목적 으로 구성되었습니다.
- 작성을 하며 막히는 부분에서는 책의 관련 파트를 참조하면 도움을 얻을 수 있습니다.
- 책에 작성을 하는 것도 좋지만 실질적으로 활용하기 위해서, 엑셀이나 파워포인트에 해당 시트지를 만들어 놓고 작업을 하는 것이 효과적입니다.
- 만약 위의 부분이 힘들다면 노트 한 권에 해당 페이지를 그려 여러 번 그려 가면서 자 신에게 익숙하게 적용해 보면 도움이 됩니다.
- 작성하는 막힐 때는 그 부분에서 고민하지 말고 다음 파트를 넘어갑니다. 그리고 작성 되는 부분부터 먼저 작성합니다.

    Tip. 막히는 부분이 있다면 1단계와 3단계에 집중하면 나머지 부분은 쉽게 풀립니다.

교육 기획 워크시트 구성

※ 다음의 구성은 2~4시간 정도의 교육을 기획할 수 있는 워크시트를 아래와 같은 구성으로 두었습니다.

- ❶ **교육 기획 1단계** 교육 핵심 메시지 설계
- ❷ **교육 기획 2단계** 콘셉트 차별화
- ❸ **교육 기획 3단계** 교육 콘셉트 마인드맵
- ❹ **교육 기획 4단계** 교육 모듈화
- ❺ **교육 기획 5단계** 교육 PPT 설계
- ❻ **교육 기획 6단계** 교육 연출기획
    - `교육 기획 TIP 1` 교육 체크리스트
    - `교육 기획 TIP 2` 교육 피드백

핵심 메시지 설계

기획자의 경험

- 교육에서 자신의 카테고리와 핵심 키워드를 기록합니다.
- 핵심 메시지는 '사람의 변화' 관점에서 무엇을 변화시킬 것인지를 찾아 봅니다.(1장 참조)
- 핵심 메시지의 세부 개념을 어떤 방법으로 전달할 것인지 정리합니다.

교육 카테고리	
핵심 키워드	
핵심 메시지	
세부 개념	

콘셉트 차별화

기획자의 경험

- 앞 페이지에서 교육 카테고리에 관련하여 시장 상황, 관련 고객, 경쟁사를 찾아 봅니다.
- 이 페이지의 목적은 자신만의 '차별성' 을 찾아 보는 것입니다.
- 최종적으로 시장의 트렌드에 맞춰 고객이 원하는 차별성을 정리해 봅니다.

1

2

나의 콘셉트 차별화 포인트

1.
시장조사
트렌드
사회 변화

- ·
- ·
- ·
- ·
- ·

2.
고객 대상
고객 니즈
고객 원츠

- ·
- ·
- ·

3

교육 핵심 키워드

3.
경쟁사
경쟁사의
차별화 포인트

- ·
- ·
- ·
- ·

4

제목(가칭)	
교육 카테고리	
핵심 키워드	
핵심 메시지	

콘셉트 확장 1 - 마인드맵

기획자의 경험

- 마인드맵은 한 교육을 만들 때 보통 모듈별로 혹은 개념별로 여러 장 그립니다. 마인드 맵을 그려 나갈 때 2장의 콘셉트 개념을 참조하면 도움이 됩니다.
- 마인드맵을 여러 장 그리고 난 후 전체적으로 한장으로 다시 그려 줍니다.
- 최종 마인드맵은 모듈별로 그려주는 것이 효과적입니다.

콘셉트 마인드앱

콘셉트 확장 2 - 만다라트

기획자의 경험

- 만다라트의 가장 가운데 칸에 주제를 기록합니다.
- 그리고 나머지 8칸에 주제와 맞는 하위 주제를 기록합니다.
- 하위 주제는 확장된 네모의 가운데 기록하고 하위 주제와 관련된 세부 내용을 모두 기록합니다.

  Tip. 빈칸에 부담을 갖지 말고 각 부분의 생각나는 부분을 우선적으로 기록합니다.

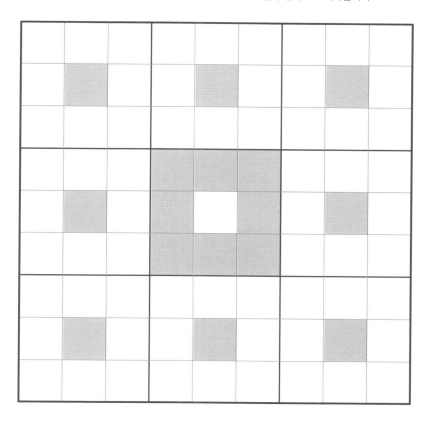

Step 4

교육 모듈화

기획자의 경험

- 마인드맵의 작성된 교육 아이디어들을 모듈에 맞게 넣어 줍니다.
- 그 후 세부적으로 들어갈 내용, 시간, 자료들을 기획합니다.
- 표로 작성하다 보면 빈칸 혹은 흐름에 어색한 부분이 보입니다. 이때는 전체 한 장을 그린 후 다시 그려 주는 방향으로 작업을 합니다. (모듈도 몇 장의 작업이 필요합니다.)

모듈명	소제목 (콘셉트 단위)	시간	세부 내용 (PT에 들어갈 내용 요약)	구성 요소
시간 합계				

기획자의 경험

교육 PPT 설계

기획자의 경험

- 교육 PPT는 현 페이지보다 파워포인트에서 빈 페이지 상태에서 한 페이지에 16장 출력을 해서 그리는 것이 효과적입니다. 보통 3장 정도 뽑아 작업을 합니다.
- PPT에 들어갈 페이지와 키워드에 대해 메모와 스케치 후 작업을 합니다. 작업은 아날로그 작업 후 진행하는 것이 효과적입니다. 작업을 하며 이미지와 내용이 정리가 되면 PPT 작업에 들어갑니다.

오프닝

오프닝

클로징

교육 연출 기획

기획자의 경험

교육 현장에서 가장 중요하게 다뤄야 하는 부분을 정리하여 봅시다. 이것을 중심으로 강의 현장을 연출하듯이 머릿속에 그려봅니다.

- 오프닝 - 시작 전 확실한 고객의 니즈와 관심을 끌 수 있는 것은 무엇인가?
- 본론 - 각 모듈별 핵심 메시지의 내용은? 간략하게 기록해 준다.
- 결론 - 교육의 전체의 내용을 재확인하며 인상적으로 마무리할 수 있는 것은?

오프닝 전략 (시작 5분)	
본론 (핵심 메시지 키워드)	
클로징 전략 (마무리 스토리)	

교육 체크리스트

기획자의 경험

• 교육 체크리스트는 엑셀로 동일하게 만들어 관리합니다. 필요에 따라 항목을 추가하
거나 수정하여 활용 가능합니다.

교육 체크 리스트			
교육 일자		교육 지역	
교육 인원		담당자 / 연락처	
교육 주제			
특이사항			

구분	체크 사항	세부 내용	체크
교육 사전			☐
			☐
			☐
			☐
교육 당일			☐
			☐
			☐
			☐
교육 후			☐
			☐
			☐
			☐
기타(메모)			

교육 피드백

기획자의 경험

- 교육 피드백은 교육이 마친 후 바로 당일 진행하는 것이 효과적입니다.
- 교육에 대해 사전 시뮬레이션을 하면서 가상의 교육 피드백을 하는 것도 효과적입니다.
- 교육에 피드백 나온 부분은 교육안에 적용하여 '버전 2' 로 관리합니다.

얻고자 한 것은 무엇인가? 교육 목적과 부합하였는가?	
얻은 것은 무엇인가? 예상했던 결과 혹은 예기치 못한 성과	
그 차이는 무엇인가? 어떤 상황 때문이었는가?	
해야 할 것은 무엇인가? 다음 교육에 적용할 것은 무엇인가?	
하지 말아야 하는 것은 무엇인가? 다음 교육 때 삭제 혹은 수정할 것은?	

기획자의 경험

● 교육원리 및 교육이론

· 《5차원전면교육》(김영사), 원동연
· 《퀀텀교수법》(멘토르), 바비 드포터 외
· 《조벽교수의 인재혁명》(해냄), 조벽
· 《나는 대한민국의 교사다》(해냄), 조벽
· 《상처받은 내면아이 치유》(학지사), Jhon Bradshaw
· 《공부가 된다》(이순), 크리스티안 그뤼닝
· 《책 먹는 독서》(이순), 크리스티안 그뤼닝
· 《논리적 독서법》(예림기획), 모티머 J 애들러 , 찰스반 도렌
· 《거꾸로 교실》(에듀니티), 존버그만 애론생즈
· 《탤런트코드》(웅진지식하우스), 대니얼코일
· 《재능을 단련하는 52가지 방법》(신밧드프레스), 대니얼 코일
· 《김동환의 다니엘 학습법》(고즈윈), 김동환
· 《제 4세대 HRD》(학지사), 지식생태학 캠프 단원
· 《생각하는 인문학》(차이), 이지성
· 《민주주의와 교육》(교육과학사), 존 듀이
· 《존로크 교육론》(비봉출판사), 존 로크
· 《교육을 통한 성공의 비결》(종로서적), 강영우
· 《도전과 기회 3C 혁명》(생명의 말씀사), 강영우
· 《학문을 권함》(일송미디어), 후쿠자와 유키치
· 《학문의 즐거움》(김영사), 히로나카 헤이스케
· 《듀이의 교육철학》(문음사), 장덕희

- 《우리가 오르지 못할 산은 없다》(생명의 말씀사), 강영우
- 《성공적인 대학수업을 위한 교수법 가이드》(교육과학사), 민혜리
- 《토니부잔의 마인드맵북》(비즈니스 맵), 토니 부잔, 배리 부잔

● 교육공학 및 교육설계

- 《교육에서의 보편적 설계》(시그마 프레스), REANK G BOWE
- 《교육설계 연구》(학지사), Jan van den Akker 외
- 《ARCS를 적용한 E-learning 교육 시스템》(한국학술정보), 백현기
- 《PBL과 액션러닝》(학지사), 정주영, 홍광표, 이정아
- 《PBL의 실천적 이해》(문음사), 강인애, 정준환, 정득년
- 《교육학콘서트》(사람과 교육), 밥 베이츠
- 《교육훈련을 Active 하게 만드는 101가지 방법》(학지사), Mel silberman
- 《21세기 교육방법 및 교육공학》(교육공학사), 이화여자대학교교육공학과
- 《교수설계이론》(교육과학사), 임철일
- 《교수-학습과 교육공학》(학지사), 박숙희, 염명숙

● 강사 스피치 및 강의 준비

- 《조벽교수의 명강의 노하우&노와이》(해냄), 조벽
- 《카네기 스피치 & 커뮤니케이션》(데일카네기 연구소), 데일 카네기
- 《자기사랑노트》(샨티), 오제은
- 《강의력》(엔트리), 최재웅
- 《강연의 시대》(책비), 오상익
- 《명강사 강의 기획》(더난), 도영태
- 《아트 스피치》(21세기 북스), 김미경
- 《프레젠테이션과 강의로 어필하라》(비즈센), 이호철

● PT 개발 및 디자인

- 《Love Mark》(서돌), 케빈 로버츠
- 《프리젠테이션 젠》(에이콘), 가르 레이놀즈
- 《시소모》(서돌), 케빈 로버츠
- 《Slide:ology》(한빛 미디어), 낸시 두아르떼
- 《파워포인트 블루스》(한빛 미디어), 김용석

● 기획력 및 콘셉트기획

- 《모든 기획자와 디자이너가 알아야 할 사람에 대한 100가지 사실》(위키북스), 수잔 웨인쉔크
- 《CEO돌파 마케팅》(라온북), 경진건
- 《전력기획 에센스》(새로운 제안), 최승호
- 《기회의 99%는 콘셉트로 만든다》(원앤원북스), 탁정언
- 《전략기획노트》(비즈니스북스), 로버트 브래드 포드 외
- 《1시간 기획》(서돌), 조칼훈
- 《마이포지셔닝》(다산북스), 잭 트라우트, 알리스
- 《프로핏레슨》(다산북스), Adrian Slywotaky
- 《결국콘셉트》(청림출판), 김동욱

● 창조성 & 생각 & 사고법

- 《예술가여 무엇이 두려운가?》(루비박스), 데이비드 베일즈, 테드 올랜드
- 《창조적습관》(문예출판사), 트와일라 타프
- 《아티스트 웨이》(경당), 줄리아 카메론
- 《세계가 필요로 하는 신에 감동된 자들》(큰믿음), 변승우
- 《영적성장의 길》(두란노), 고든 맥도날드
- 《생각의 지도》(김영사), 리처드 니스벳

- 《프레임》(21세기 북스), 최인철
- 《내면세계의 질서와 영적성장》(IVP), 고든 맥도날드
- 《상처 입은 치유자》(두란노), 헨리 나우엔
- 《모험으로 사는 인생》(IVP), 폴 투르니에

● 교육기획자 자기계발

- 《성과를 지배하는 바인더의 힘》(스타리치), 강규형
- 《세계최고의 인재들은 왜 기본에 집중할까》(비즈니스북스), 도쓰카 다카마사
- 《삶의 의미를 찾아서》(아이서브), 빅토르 프랭크
- 《자기경영노트》(한국경제신문), 피터 드러커
- 《대한민국 국가미래교육전략》(김영사), KAIST 문술미래전략대학원
- 《자기다움》(Unitas Brand), 권민
- 《비영리단체의 경영》(한국경제신문), 피터 드러커
- 《성과를 향한 도전》(간디서원), 피터 드러커
- 《피드백》(뷰티플휴먼), 김경민, 이정란

● 3P자기경영연구소

대한민국 자기경영 대가이자 3P바인더의 창시자인 강규형 대표의 셀프리더십 프로그램
이다. 자기 성장과 개인의 성과를 고민하며 공부하는 이들은 한번쯤 거치는 코스이기도
하다. 이곳에서의 교육은 바인더를 활용한 [목표관리, 시간 관리, 지식 관리, 독서경영,업
무관리] 등 개인의 성장을 위한 교육이 구성되어 있다. 성인 교육은 물론 청소년 교육도
구성되어 있다. 바인더를 활용한 습관과 실천 지향적인 교육이 특징이며, 많은 이들에게
10년 넘게 사랑받으며 성장하고 있다. 자기관리와 자신의 성과를 위한다면 대표 교육인
[셀프리더십] 교육을 꼭 추천한다.

💡 교육에 대해 알아볼 수 있는 방법

www.3pbinder.com 홈페이지에 교육과 바인더에 대한 정보를 얻을 수 있다. 또한
네이버에서 [3P바인더]를 검색하면 이와 관련된 교육을 찾아볼 수 있다.

● 독서포럼나비

전국에 걸쳐 500개 이상의 크고 작은 모임으로 구성되어 있는 독서모임이다. 10년 이상 이어지고 있는 독서포럼나비의 대표 모임은 서울 문정동의 '양재나비'이다. 모임은 매주 토요일 새벽 6시 40분에 시작해서 2시간가량 진행된다. 모임은 사전에 읽어 온 책에 대해 [전체 토론-조별 토론-전체 정리]하는 방식으로 진행된다. 동일 시간 초등학생들도 함께 독서모임을 한다. 이곳에 오기 위해 새벽 지방에서 올라오시는 분들이 있을 정도이다. 이곳은 독서 문화가 잘 정착되어, 특별한 독서 스킬이 없어도 모임을 즐길 수 있다. 책을 좋아하면 누구나 금방 익숙해진다. 모임이 마치고 난 뒤 '나비 아카데미'라는 소모임이 진행된다. 이는 관심사에 맞게 다양한 분야로 이루어져 있고 스터디 그룹 형태로 진행된다.

🔅 모임에 참여하는 방법

[독서포럼나비]의 네이버 카페에 들어오면 오프라인 참여 정보와 전국의 독서 모임에 관한 정보를 얻을 수 있다. 아래는 독서포럼나비의 본부이자 대표하는 [양재나비]의 참여 방법이다.

모임 장소	서울특별시 송파구 법원로 127 4층 406호 나비홀
모임 시간	매주 토요일 아침 6시 40분
참석비	5천원(매주 건강과일식 제공)
나비 카페	https://cafe.naver.com/navibookforum
문의 전화	010-8699-0640

기획자의 경험

1. 기획자의 경험 - 교육 기획 워크숍

교육 기획자들을 위한 교육으로, 자신의 지식과 경험을 교육 프로그램으로 만들어 PPT 화 하는 작업까지 진행한다. 3단계로 진행하며, 본인이 2시간 강의안을 만들어내는 실습 을 병행한다.

교육 목적	자신의 지식과 경험을 활용하여 강의 설계
교육 구성	1단계 교육 핵심 메시지 만들기 2단계 교육 콘셉트와 모듈화 작업 3단계 PPT 설계와 강의 설계하기
강의 시간	강의 1시간 / 2시간 워크숍시 4시간 / 6시간 / 8시간

＊강의는 워크숍으로 진행되며 이 외 강의 개발 및 교육 컨설팅은 상담을 통해 진행해 드립니다.

2. 라이프 서핑 - 라이프 플랜 워크숍

제2커리어 시대의 새로운 라이프 플랜 방법이다. 후반부 인생을 설정한 뒤 전반부를 준비하는 방식으로 인생 계획을 세울 수 있도록 구성되었다. 서핑이라는 콘셉트로 자신의 강점을 발견하고, 구체적인 라이프 플랜을 작성하는 것을 목표로 한다.

교육 목적	제2커리어를 준비하는 라이프 플랜 구축
교육 구성	❶ 패들링　강점 분석 - 자신의 과거를 넘어가라 ❷ 라인업　꿈 리스트 - 먼 곳에서 다가오는 꿈을 그려라 ❸ 테이크업　비전 & 사명 - 자신만의 인생의 가치와 의미를 발견하라 ❹ 라이딩　평생 계획 - 후반부 인생에서 현재를 준비하라
강의 시간	강의　　30분 / 1시간 / 2시간 워크숍시　4시간 / 8시간

*1:1 멘토링, 1:다수 멘토링으로도 진행 가능하며 사전 상담을 통해 진행됩니다.

| 강연문의 및 일정 안내 |

• 강의 일정 안내　www.lifesurfing.com
• 문의　　　　　 H.P 010-9004-7602　　　이메일 sxnife@hanmail.net

기획자의 경험